Franz Schuselka

An Franz Deak

Franz Schuselka

An Franz Deak

ISBN/EAN: 9783744654623

Hergestellt in Europa, USA, Kanada, Australien, Japan

Cover: Foto ©ninafisch / pixelio.de

Weitere Bücher finden Sie auf **www.hansebooks.com**

An
Franz Deák.

Von

Franz Schuselka.

Non ego tibi, sed causa causæ respondet.

Wien, 1861.

Druck und Verlag von Friedr. Förster & Brüder.

„Wollte Gott, daß wir in den schweren Tagen der Versuchung gelernt haben mögen, und daß wir einig seien in unserem Wirken, wie wir im Leiden einig waren."

Franz Deak am 13. Mai.

Hochgeehrter Herr!

Der Adreßantrag, welchen Sie in der denkwürdigen Sitzung des ungarischen Landtages am 13. Mai d. J. eingebracht und mit bewunderungswürdiger Beredsamkeit begründet haben, wird ohne Zweifel einen wichtigen Wendepunkt in der Geschichte nicht nur Ungarns, sondern auch Oesterreichs und dadurch Europas bezeichnen.

Der aufrichtige Wunsch, daß es eine Wendung zum dauernden Glück der Freiheit sein möge, und die quälende Besorgniß, daß das Gegentheil eintreten könnte, geben mir die Feder in die Hand, um auf Ihre Rede zu antworten, welche nicht blos eine Adresse an den Kaiser und König Franz Josef, sondern in der gewichtigsten Bedeutung des Wortes auch ein Manifest an alle Völker Oesterreichs ist.

Sie sind in der bevorzugten Lage, als bevollmächtigter Vertreter Ihres Volkes zu sprechen, und Sie dürfen überzeugt sein, daß die überwiegende Majorität Ihres Landtages Ihnen zustimmen und das, was Sie in edler Bescheidenheit als Ihre Ansicht ausgesprochen haben, zum Willensausdruck der Nation erheben wird.

Ich spreche hier nur als Privatmann, aber ich glaube dennoch versichern zu dürfen, daß ich im Namen sehr Vieler spreche, daß die Adresse, welche ich an den einflußreichen Vertreter Ungarns zu richten mir erlaube, von allen meinen näheren Landsleuten geistig sanktionirt werden wird, die ja aufrichtig nichts sehnlicher wünschen als eine freie Verständigung und Einigung mit Ungarn.

Ich richte meine Worte unmittelbar an den an der Spitze seines

Volkes stehenden allverehrten, selbst von den Gegnern hochgeschätzten Patrioten. Beweggrund, Berechtigung und Hoffnung ist mir mein eigener Patriotismus.

Ich denke, die gleich aufrichtige und gleich freie Vaterlandsliebe muß geeignet sein, eine zweckdienliche Vereinbarung auch, ja gerade dann zu ermöglichen, wenn über die Mittel und Wege, um dem Patriotismus zu genügen, eine verschiedene Ansicht oder gar entschiedener Zwiespalt waltet.

Sie haben die goldenen Worte gesprochen: „Ich liebe mein Vaterland noch weit mehr als ich unsere Feinde hasse, und lieber will ich die Erbitterung meines Herzens ersticken, ehe ich mich von ihr zu einem Schritte hinreißen lasse, der meinem Vaterlande Schaden bringen könnte."

An diese edlen Worte, denen ich aus vollem Herzen beistimme, halte ich mich, wenn ich in mancher Beziehung einen Standpunkt **gegen** Sie einnehmen muß, diese ebenso humanen als politisch praktischen Worte rufe ich an, wenn beim Blick in die verhängnißvolle Schwierigkeit unserer Lage und Aufgabe mich ängstliche Besorgniß drängt, Sie selber, hochverehrter Herr, vor Schritten zu warnen, welche Ihrem und meinem, welche unserem Vaterlande sicher Schaden bringen würden.

Ich habe in den schweren Tagen der Versuchung Ungarn hochschätzen und lieben gelernt. Alles, was ich in früheren Jahren gegen Ungarn geschrieben, zur Zeit, als der geistige und politische Druck, der auf uns gelastet, das Urtheil trübte, die Gefühle verbitterte und in falsche Richtungen reizte, alles das habe ich längst öffentlich widerrufen. Ich habe im niederösterreichischen Landtag über unser Verhältniß zu Ungarn ein Wort ausgesprochen, welches ungeachtet der Kürze und Zurückhaltung, in die es sich einschränken mußte, in allen Theilen der Monarchie, auch in Ungarn Anklang und Zustimmung gefunden hat. In Folge dessen empfing ich aus Ungarn so hoch erfreuliche und ehrenvolle Beweise von Anerkennung und Theilnahme, daß ich mich dadurch für berechtigt und verpflichtet halte, in meine Vaterlandsliebe auch Ungarn einzuschließen. Lange Zeitläufte hindurch war man ja diesseits der Leitha überhaupt gewohnt, das herrliche Ungarn zum Vaterland im weiteren Sinne zu rechnen, und auch die Ungarn, wenn sie zu uns herüber kamen, fühlten sich ungeachtet aller strengen staatsrechtlichen Theorie denn doch nicht wie in einem fremden Nachbarlande. Aus dem Fenster, an welchem ich Ihnen diese Zeilen schreibe, erblicke ich in nicht weiter Ferne Ungarns Gefilde und ich kann es eben jetzt weniger als je zuvor denken und fühlen, daß dort drüben Ausland sein soll.

Man mag sagen, daß dies Gefühlspolitik sei. Aber aus Ihrer eigenen Rede, hochgeehrter Herr, spricht so eindringend mächtig das Gefühl, daß ich in dieser meiner einleitenden Epistel mit zuversichtlichem Vertrauen an Ihr Herz appellire, an Ihr für das Vaterland und für die Freiheit begeistertes und um beide schwer besorgtes Herz. Dieselben Gefühle bewegen mich, indem ich den Versuch mache, Ihnen auf das Gebiet Ihrer staatsrechtlichen und politischen Deduktionen zu folgen, um einige Punkte auf Grundlage eines thatsächlich „brüderlichen" Nebeneinanderbestehens zu erörtern, andere vielleicht zu widerlegen, beides nur in der aufrichtigen Absicht, nach meiner schwachen Kraft vielleicht doch etwas weniges zu jener friedlichen Vereinbarung beizutragen, welche ja auch Sie wünschen, weil die pflichtgemäße Klugheit und Vorsicht Ihnen diesen Wunsch eingibt.

„Wir dürfen für das Vaterland alles aufs Spiel setzen, nur das Vaterland selbst nicht!" So rufen Sie Ihren Landsleuten zu, und dieses inhaltsschwere Wort, welches allen in den Freiheitskampf schreitenden Völkern eine goldene Lehre sein möge, bezeichnet die ganze Gefährlichkeit der Situation, in welcher Sie und wir alle zwischen politischem Sein oder Nichtsein schweben.

Aber ich zittere vor einer noch größeren Gefahr als vor der des Vaterlandes. Ich sehe ein Gut gefährdet, welches ich höher schätze als selbst das Vaterland. Es ist die kaum erst in ihren ersten Elementen wieder gewonnene Freiheit, es ist die Durchführung jener großen ewigen Prinzipien, ohne welche das herrlichste Land den Odem und das Licht des lebenswerthen Lebens entbehrt, ohne welche die edelste und begabteste Nation in das entwürdigte Dasein einer bewußtlos dienenden und dumpf vegetirenden Sklavenmenge herabsinkt.

Darum rufe ich Ihnen als Alpha und Omega meiner Entgegnung zu:

„Wir dürfen für die Freiheit alles aufs Spiel setzen, aber die Freiheit selbst aufs Spiel setzen — das dürfen wir nicht!"

Gainfarn, in der Pfingstwoche 1861.

Franz Schuselka.

I.

Wenn man bei der Beurtheilung des jetzigen Verhältnisses zwischen Oesterreich und Ungarn über die Katastrophe des Jahres 1849 den Schleier der Vergessenheit deckt — was gewiß für beide Theile gleich ersprießlich ist — so wird man nicht in Abrede stellen können, daß die ungarische Adresse nach dem strengen, positiven geschriebenen Gesetze sich vollkommen im Rechte befindet.

Aber es gleicht dieses Recht gar zu sehr demjenigen, welches nicht selten von den Advokaten mit rabulistischer Hartnäckigkeit aus den Buchstaben der Paragraphe construirt wird. Auf dieses Recht findet bekanntlich nur zu oft der Satz Anwendung: „Summum jus, summa saepe injuria."

Auf die Politik angewendet würde das starre Buchstabenrecht sehr oft jede zeitgemäße, durch die Umstände gebotene Neugestaltung hemmen und hindern, und dies zumeist eben dann, wenn wichtige Wendepunkte der Geschichte eintreten, wenn neue Kulturepochen sich zu entwickeln beginnen, in welchen Zeiten sich nun einmal Potentaten und Nationen dem Wort des Dichters fügen müssen: „Das Alte stürzt, es ändert sich die Zeit, und neues Leben blüht aus den Ruinen."

Wer in solchen Zeiten lediglich mit Gesetzartikeln in der Hand für das Gewesene agirt und das thatsächlich Gewordene, weil es eben noch nicht paragraphirt ist, gänzlich verwerfen will, der kann leicht in die Lage kommen, sich nur noch mit dem Spruch trösten zu können: „Fiat justitia, pereat mundus."

In der praktischen Politik ist es überhaupt, und namentlich in Uebergangsepochen, eine Pflicht der Billigkeit und Klugheit, und nicht selten geradezu ein Gebot der Selbsterhaltung, die Thatsachen, wenn sie sich auch nicht ganz korrekt herkömmlich gesetzlich entwickelt haben, anzuerkennen, ihnen nachträglich den gesetzlichen Charakter zu geben, sie mit den hergebrachten Institutionen in organischen Zu=

sammenhang zu bringen. Völker und Regierungen sind durch Beobachtung dieser Regel glücklich über gefährliche Krisen hinübergekommen.

Man hat den Dynastien oft vorgeworfen, daß sie nichts lernen und nichts vergessen wollen. In der That sind mächtige Herrschergeschlechter zu Grunde gegangen, weil sie eigensinnig, hartnäckig an den für unantastbar und ewig unveränderlich gehaltenen überkommenen Rechten festhalten und wenigstens die Form dieser Rechte behaupten wollten, wenn ihnen auch schon längst der Geist einer neuen Zeit das Wesen entrissen hatte. Völker können einem gleichen Geschick erliegen, wenn sie gebieterischen Umständen und den drängenden Bedürfnissen einer neuen Zeit gegenüber sich in den Formeln der von den Ahnen ererbten Rechte und Freiheiten verrammeln und keine Neugestaltung anerkennen wollen, die nicht in ganz originaler Weise von ihrem souveränen Belieben ausgegangen.

Alle Völker Oesterreichs stimmen gewiß mit den Ungarn darin überein, daß eine Verfassung, welche sich aus dem Leben eines Volkes selber entwickelt, schätzenswerther ist als eine oktroyirte. Allein es sind eben nur sehr wenige Völker so glücklich, eine solche urwüchsige Verfassung zu besitzen. Auch die tausendjährige ungarische Verfassung wurde ja ursprünglich von Stephan dem Heiligen oktroyirt, und er nahm sie obendrein von Deutschland her.

Vom praktischen Standpunkte aus wird man, ohne den Vorwurf der Trivialität fürchten zu müssen, wohl sagen dürfen, daß eine oktroyirte Verfassung jedenfalls besser sei als gar keine. Wenn man daher aus irgend einer Ursache ohne Verfassung und nicht in der Lage ist, sich selber eine zu geben, so ist es gewiß ein Gebot der Klugheit und Vorsicht, eine oktroyirte Verfassung mit beiden Händen zu ergreifen, sich in derselben fest zu stellen, sie energisch auszubeuten und gesetzlich so zu entwickeln, daß sie allen wesentlichen Bedürfnissen und berechtigten Wünschen entspricht.

Wie sehr man auch gegen jede Oktroyirung eingenommen sein mag, so wird man darin doch nicht so weit gehen, zu behaupten, daß jede oktroyirte Verfassung schon als solche nothwendig schlecht sei. Die Verfassung z. B., welche die Majorität der Tiroler ihrem Lande geben möchte, wäre gewiß viel weniger freisinnig, als unsere oktroyirte Verfassung vom 26. Februar. Die ungarische Verfassung selbst beweist, daß unschätzbare Freiheit oktroyirt werden kann. Stephan der Heilige oktroyirte seinem Volke die deutsche Grafschafts= verfassung und diese hat sich in allen Stürmen als die unerschütterlich feste Grundlage der ungarischen Freiheit erhalten. Diese Komitats= verfassung ist unmittelbar in Folge des Oktoberdiploms restaurirt worden, und durch dieselbe können die Ungarn Alles erreichen, was ihrer Verfassung sonst noch fehlt. Die Autonomie der Komitate ga= rantirt den Ungarn weit ausgedehnter und fester die Freiheit, als es die parlamentarische Regierung mit einem verantwortlichen Mini= sterium vermag. Wie sehr dieser Parlamentarismus dem Absolu= tismus der Herrschaft eines persönlichen Willens nahe kommen kann, haben die Franzosen unter Louis Philipp und dessen doktrinären Mi= nistern erfahren. Es soll durch diese Anführung der hohe Werth des Parlamentarismus nicht in Abrede gestellt, sondern nur darauf hin= gewiesen werden, daß diese Regierungsform leicht illusorisch werden kann, wenn daneben von unten auf die communale und municipale Autonomie fehlt.

In dem Streben nach dieser Selbständigkeit und freien Selbst= regierung stehen aber die Ungarn wahrlich nicht vereinzelt unter den österreichischen Völkern. Alle Kronländer, bis zum kleinsten herab, haben in dieser Beziehung genau denselben Wunsch, wenn das auch diesseits der Leitha herkömmlicher Weise nicht so energisch laut aus= gesprochen wird wie jenseits. Kein einziges Kronland will eine bloße Provinz sein, sondern jedes erhebt sich in der Erinnerung an seine historische Eigenthümlichkeit zu dem Bewußtsein eines selbständigen Reichsgenossen. Und dies entspricht ja eben dem Begriff jenes Kaiser= thums, welches ein Jahrtausend hindurch die politische Form von Mitteleuropa bestimmte. Dieses Kaiserthum war nicht ein uniformer asiatisch zentralisirter Staat, sondern ein Verein von selbständigen Staatsorganismen. Oesterreich ist an seiner Stelle der Erbe jener Kaiseridee und Kaiserform; Oesterreich ist eine Krone aus Kronen, ein Thron aus Thronen, ein Reich der Reiche.

Diese Reichsform festzuhalten, sie wieder herzustellen, inwiefern sie in unglücklicher Nachahmung des französisch=russischen Musters zerstört worden, sie für alle Zukunft dauernd und mächtig zu be=

gründen, darnach strebt die selbstbewußte, politisch reife und freie Majorität in allen Kronländern. Und sehr mit Recht, denn diese Form ist für Oesterreich durch die Natur und durch die Geschichte vorgezeichnet. Das ist der durch die Natur und Geschichte gegebene organisch gewordene Föderalismus, welchen keine französelnde doktrinäre Afterweisheit weg debattiren und kein parlamentarisches oder ministerielles Omnipotenzgelüste hinwegdekretiren wird.

Dieser natürliche und geschichtliche Föderalismus mit seiner in Gemeinde, Bezirk, Kreis und Land organisch gegliederten Autonomie bietet zugleich die beste und sicherste Garantie der Freiheit für Alle und jeden Einzelnen. Wenn diese Reichsform lebendig ist, dann wird es nicht und niemals gelingen, daß der mit parlamentarischem Flitter aufgeputzte bureaukratische Absolutismus die Völker und den Monarchen von Oesterreich beherrsche, beide als willenlose Figuren zu den Schachzügen doktrinärer Staatskünsteleien mißbrauche und ihre Kraft und Würde zu verderblichen Experimenten ausbeute.

Soll aber die individuelle Autonomie dauernd die Freiheit garantiren, so braucht sie für sich selber, für den eigenen sichern Bestand ebenfalls eine Garantie. Diese findet sie aber gewiß nicht in der Absonderung und Isolirung, sondern nur in der Vereinigung, in der Föderation.

Sie darf zuoberst schon deshalb der realen Einigung nicht widerstreben, weil sie sich durch dieselbe als unschädlich und ungefährlich legitimiren, weil sie sorgfältig alles vermeiden muß, was den Gegnern den Vorwand oder gar die Berechtigung gäbe, zu behaupten, die Autonomie der Reichstheile führe zum auflösenden Separatismus, sie müsse daher möglichst beschränkt oder gar unterdrückt werden.

Die Vereinigung aller autonomen Reichsglieder zu einem organischen Ganzen ist ferner nothwendig für die Wahrung und Förderung der durch die natürliche Lage und das jahrhundertelange Mitsammenleben geschaffenen und tausendfach verwobenen gemeinsamen Lebensinteressen, damit der soziale Nexus nicht zerrissen werde, damit die individuelle Autonomie nicht in kleinliches Spießbürgerthum und egoistischen Separatismus ausarte.

Die Einigung aller autonomen Individualitäten zu einer mächtigen Gesammtheit ist ferner nothwendig, um die Selbständigkeit und Freiheit auch nach außen hin gegen jene Mächte zu wahren, welche dem Unitätsprinzip, dem Idol der asiatischen Gesammtmonarchie huldigen und demselben annektirend, abfeilschend und raubend die Souveränetät nationaler und historischer Individualitäten schonungslos zum Opfer bringen. Der Verein ist endlich nothwendig, um gemeinsam jenen großen und kulturhistorischen Beruf zu erfüllen, um dessentwillen der Genius der Geschichte den österreichischen Völkerverein eben entstehen lassen und in schweren Stürmen aufrecht erhalten hat, einen Beruf, dessen Wichtigkeit einleuchtet, wenn man nur den Schauplatz an der Pforte des Orients und die Menge der daselbst nach Selbständigkeit ringenden Völker betrachtet. Daß kein einzelnes Reichsglied, daß namentlich auch Ungarn für sich allein diesen großen und schwierigen Beruf nicht erfüllen kann, das ist durch die Geschichte von Jahrhunderten bis herab zu dem furchtbaren Racenkampf der letzten Revolutionsjahre für jeden Unbefangenen klar bewiesen.

Es braucht nun in einer ernsthaften Abhandlung gewiß keines besonderen Beweises, daß der in so vielen Lebensbeziehungen nothwendige Verein nicht dem Zufall überlassen, nicht von „Fall zu Fall" dem Belieben der Einzelnen preisgegeben werden dürfe, sondern daß er gesetzlich begründet und organisirt sein muß, mit einem Worte, daß für die gemeinsamen Interessen und Aufgaben, aber nur für diese, eine Gesammtverfassung unerläßlich nothwendig ist.

Wenn man sich dieser Gesammtverfassung anschließt, so ist das wahrlich keine Unter=, sondern eben nur eine genossenschaftliche Beiordnung. Man unterwirft sich doch gewiß nicht einer fremden Macht, wenn man in seinem eigenen Interesse als gleichberechtigtes Mitglied einem Verein beitritt, der überhaupt erst eine, d. i. die in Frage stehende Macht darstellen soll. Welches wäre denn das gefürchtete herrschsüchtige Land, dem sich die andern unterwerfen sollten? Es ist wahrlich auf der Karte von Oesterreich gar nicht zu finden. Oder sollte es vielleicht Niederösterreich sein, weil daselbst die Hauptstadt und der Kaiserthron sich befinden? Aber da würden nicht etwa blos die Ungarn und Böhmen, sondern zunächst gleich die Oberösterreicher und Salzburger protestiren, weil auch diese durchaus nicht gewillt sind, sich einem andern Lande zu unterwerfen. Und ich selber als nie=

deröfterreichischer Landtagsabgeordneter spreche es offen aus, daß ich auch für mein Land die größtmögliche Autonomie und Selbständigkeit wünsche und anstreben werde. Nicht unterwerfen sollen wir uns einem Kaiserthum, sondern wir sollen und wollen dieses Kaiserthum erst organisch bilden und darstellen. Der lebendige Machtinhalt sind wir, der Repräsentant des Machtvereins ist der uns allen gemeinsame Monarch, welcher eben zur Bezeichnung der Würde der Gesammtheit einen über allen Einzelntitulaturen stehenden Haupttitel führt, den Namen des Völkervereins hat die Genesis und der geschichtliche Gebrauch gegeben, und ist es bezeichnend für das Wesen dieses Reiches, daß der Name von einem Lande stammt, welches augenfällig nicht daran denken kann, andere zu beherrschen. Es ist also nicht von Unterwerfung, sondern nur von der auch in politischen Dingen Wunder wirkenden Assoziation die Rede. Es gibt in Oesterreich keine Provinzen, sondern nur gleichberechtigte selbständige Reichsgenossen, Länder und Volksstämme, welche den gleichen Wunsch und das gleiche Recht haben, ihre nationale und historische Individualität autonom zu behaupten und zu entwickeln, welche daher auch die gemeinsame Aufgabe haben, nicht nur dem autokratischen, sondern auch dem ministeriellen und parlamentarischen Absolutismus entgegen zu arbeiten. Was nun namentlich Ungarn betrifft, so braucht man wahrlich nur die Landkarte zu betrachten, um zu erkennen, daß von einer Unterordnung dieses großen und mächtigen Landes nicht die Rede sein kann. Zieht man dazu noch das feurige Naturell, die hervortretende Persönlichkeit, die politische Uebung der Ungarn in Betracht, so wird man im Gegentheil besorgen müssen, daß die übrigen Reichsgenossen Mühe haben werden, sich der Vorherrschaft des ungarischen Einflusses zu erwehren.

Wir wissen so gut wie die Ungarn, worin die wahren Garantien einer echt konstitutionellen Freiheit bestehen, und wir haben diese Garantien in der Form von kaiserlich garantirten Grundrechten ziemlich so lang wie die Ungarn bereits besessen, und sogar in ausgedehnterem Maße als sie. Deßhalb ist es auch dießseits der Leitha kein Geheimniß geblieben, daß die Februarverfassung durchaus nicht vollkommen befriedigt hat. In allen Landtagen ist dies ausgesprochen und im Reichsrathe sind bereits Verbesserungsanträge gestellt worden.

Wäre es nun eine Politik der Vorsicht, Klugheit und Vaterlandsliebe gewesen, die Februarverfassung abzulehnen und eine bessere vom Zufall, oder von einem Umsturz der Verhältnisse, oder gar von fremder Einwirkung zu erwarten? Wir unsern Theils haben es für praktisch pflichtgemäß erkannt, den dargebotenen gesetzlichen Boden zu betreten, um auf demselben in friedlicher Entwicklung an das klar erkannte und standhaft anzustrebende Ziel zu gelangen. Und der gesetzliche Weg dahin ist geöffnet; im Grundgesetz selber ist die Ermächtigung zur Ausbildung der Verfassung ausdrücklich ausgesprochen, der Kaiser hat diese Fortentwicklung in seiner Thronrede betont, ja das Ministerium selber hat bereits Ergänzungsgesetze beantragt. Ist es da, wir fragen wieder, ist es unter solchen Umständen nicht eine Pflicht der Klugheit, der Gerechtigkeit, der Vaterlands- und Friedensliebe, der Humanität, die dargebotene Gelegenheit zur friedlichen Vereinbarung zu ergreifen, um auf gesetzlichem Wege lediglich mit geistigen Waffen eine definitive Ordnung der Dinge zu erreichen. Diese Pflichterfüllung fordert in der That kein größeres Opfer, als so viel Geduld, nicht gleich beim ersten Schritte schon am Ziel sein zu wollen. Und dieses Ziel ist sicher und rasch zu erreichen, wenn wir alle vereint den Weg dahin gehen, während Trennung und hartnäckige Entgegenstellung die Erreichung jedem Einzelnen erschweren und sie sogar Allen wieder auf lange Zeit hin vereiteln kann.

In Ungarn selbst schien ursprünglich die geduldige Selbstbeherrschung, die praktische Auffassung der Sachlage vorzuherrschen. Das Oktoberdiplom sagte damals bereits alles, was jetzt darin zu lesen ist, und doch wurde es in Ungarn nicht zurückgewiesen, sondern sogar mit unverhohlener Freude begrüßt. Das Oktoberdiplom zeichnete bereits die Grundzüge der Reichsverfassung und machte das Verhältniß Siebenbürgens, Kroatiens, Slavoniens und Dalmatiens von künftigen frei vereinbarten Entschließungen abhängig. Dennoch hat Ungarn die Landtagswahlen nicht verweigert und sich in Betreff der Eröffnung des Landtages sogar zu einigem Ablassen von dem starren Buchstaben des Gesetzes verstanden. Sollte man nun voraussetzen, daß die bereitwillige Annahme eines Theiles der kaiserlichen Entschließungen nur deßhalb erfolgt sei, um dann mit um so größerem Nachdruck das Ganze verwerfen zu können, so müßte man das mit aufrichtiger Betrübniß als einen Schritt beklagen, der dem Vaterlande leicht großen Schaden bringen könnte.

Diese Besorgniß wird noch gesteigert, wenn man die kategorischen Erklärungen der ungarischen Adresse erwägt.

Ungarn verlangt in Betreff seiner sämmtlichen Grundgesetze einschließlich der Gesetze von 1848 die vollkommene restitutio in integrum. Früher will es von legislatorischen Transaktionen und Vereinbarungen nichts wissen.

Wird nun diese vollständige Wiedereinsetzung in den vorigen Stand gewährt, was haben wir dafür zu erwarten? Die Adresse gibt Antwort.

Ungarn erklärt sich dann für bereit, den Vertrag, den es lediglich mit der Dynastie geschlossen haben will, jederzeit zu „erörtern".

Ueber Inhalt und Tendenz dieser „Erörterung" gibt ebenfalls schon die Adresse genügende Auskunft, indem sie kategorisch erklärt, Ungarn stehe zu Oesterreich blos in dem Verhältniß der reinen Personalunion, es habe mit uns nichts gemeinschaftlich, es könne und wolle mit uns nichts gemein haben, als die Person des Monarchen.

Den Völkern Oesterreichs verspricht die ungarische Adresse ein „brüderliches Nebeneinanderbestehen". Die Ungarn wollen sich künftig mit uns „von Fall zu Fall in Berührung" setzen. Dabei kommt sogar eine Hindeutung auf außerordentliche großmüthige Leistungen vor.

Wir wollen nun diese einzelnen Punkte kritisch beobachten und beginnen mit dem verhängnißvollen Theorem der Personalunion.

II.

Indem wir uns in diesem Abschnitt auf das schwierige Gebiet der ungarischen Geschichte und Gesetzgebung wagen, schicken wir zur Orientirung folgende Sätze voraus.

Wenn die ungarische Adresse auch vollkommen recht hätte mit der Behauptung, daß in den ungarischen Gesetzen von einem über die Gemeinschaftlichkeit in der Person des Monarchen hinausgehenden engeren Verbande, also von einer Realunion zwischen Ungarn und den übrigen Erbländern gar „keine Spur" zu finden sei, so wird doch Niemand, der sein Auge nicht den objektiven Thatsachen verschließen will, leugnen können, daß im wirklichen Leben, also in der Geschichte Oesterreichs und Ungarns zu allen Zeiten neben der Personalunion in vielen der wichtigsten politischen Beziehungen noch ein engerer realer Verband stattgefunden hat. Es war dies die nothwendige Wirkung der natürlichen Verhältnisse, die Forderung der beiderseitigen Lebensinteressen. Wenn auch wirklich in den Gesetzen die strengste Theorie der reinen Personalunion ausgesprochen gewesen wäre, so ist doch auch hier wie überall im Leben die lebendige Praxis über die Theorie hinausgewachsen. So zeigt denn auch die Geschichte durch Thatsachen, daß in dem Verhältniß zwischen Oesterreich und Ungarn niemals die reine Personalunion allein geherrscht, sondern, daß zu allen Zeiten dem praktischen Bedürfniß gemäß in Betreff der Regalien, des Finanz-, Geld-, Handels-, Kriegs- und Gesandtenwesens ꝛc. eine engere sachliche Verbindung bestand, die, obwohl sie nicht stets in eigenen Gesetzartikeln normirt war, doch von beiden Theilen als selbstverständlich und in der Natur der Sache liegend anerkannt wurde.

Es ist aber auch nicht richtig, daß in den ungarischen Gesetzen durchaus keine Spur zu finden sei von einem engeren Verbande als der bloßen Personalunion.

Im Gegentheil, während vor und nach der pragmatischen Sanktion nirgends ausdrücklich und klar verfügt wird, daß zwischen Oesterreich und Ungarn nur die Personalunion walten solle, finden sich in beiden Zeiträumen mehrere Gesetzartikel, welche ausdrücklich und deutlich auf eine engere sachliche Union hinweisen. Und diese Stellen kommen nicht derart als Ausnahmsfälle vor, daß der Grundsatz, die Ausnahme bestätige die Regel, Anwendung finden könnte, sondern die bezüglichen Stellen sind offenbar nur einzelne für streitige Fälle als nothwendig erkannte ausdrückliche Verfügungen in einer Sache, die im allgemeinen als selbstverständlich und naturgemäß herkömmlich anerkannt war.

Von dem ersten Habsburger, welcher den ungarischen Thron bestiegen, Albrecht V. (II.) 1437, verlangten die Stände Ungarns vor der Krönung das Versprechen, die Wahl zum deutschen Kaiser nicht ohne ihre Einwilligung anzunehmen. Albrecht erfüllte dies Versprechen. Nachdem im Jahre 1438 die deutsche Wahl auf ihn gefallen, berief er den ungarischen Landtag, und dieser gab mit entsprechender Feierlichkeit seine Zustimmung zur Wahl. Dieses für die Ungarn schmeichelhafte Zeichen von der Bedeutung ihrer Krone dürfte nebstbei doch auch ein Beweis sein, daß sie damals recht gut das Bewußtsein hatten, es handle sich bei der neuen Königswahl nicht blos um eine Personalunion mit dem Hause Habsburg. Ein Beweis für einen viel engeren Verband liegt auch schon darin, daß Albrecht, als er schon im darauffolgenden Jahre sein Ende herannahen fühlte, für seinen zu erwartenden Sohn und Nachfolger (Ladislaus Posthumus) einen Vormundschaftsrath von neun Ungarn, vier Böhmen und zwei Oesterreichern einsetzte.

Auch die wiederholten Erbverträge, welche zwischen Oesterreich und Ungarn geschlossen wurden, beweisen deutlich, wie in beiden Länderkomplexen das Bewußtsein herrschte, daß man sich gegenseitig gut brauchen könnte, daß eine Vereinigung für beide Theile sehr nützlich wäre. Daher wurde es der Schicksalsfügung des Erbfalles anheimgegeben, ob Oesterreich an Ungarn oder Ungarn an Oesterreich kommen sollte, aber man dachte dabei gewiß nicht an eine bloße Personal- sondern offenbar an eine sehr reelle Machtunion.

Als Ferdinand I. kraft feierlichen Erbrechtes im Jahre 1526 auf den Thron Ungarns berufen war, eine Gegenpartei aber zu Stuhlweißenburg den Johann Zapolya zum König wählte, traten die um das Wohl des Vaterlandes besorgten Stände in Preßburg zu einem Landtage zusammen und bekräftigten das Erbrecht Ferdinands durch eine eigene einstimmige Wahl mit der ausdrücklichen Erwägung, daß von Ferdinand, dem König von Böhmen und Herrn der altösterreichischen Erblande und Bruder des mächtigen Kaisers Karl V. eine siegreich kräftige Kriegführung gegen die Türken zu erwarten sei. Das war der Beginn der bleibenden Vereinigung Oesterreichs und Ungarns, und man sieht, daß dieselbe eine sehr reale Grundlage hatte.

Im X. Artikel des sogenannten Wiener Friedensschlusses *) vom 23. Juni 1606 verspricht die k. k. Majestät alle Civil- und Militärstellen in den ungarischen Ländern nach Anhörung des ungarischen Rathes nur an Eingeborne zu verleihen, behält sich jedoch vor, zwei Grenzhauptleute in den Donaugegenden nach eigenem Belieben aus verdienstvollen Männern der benachbarten Provinzen zu wählen. Wir bemerken hier, daß der König von Ungarn in den Gesetzartikeln bis zur ganz neuen Zeit stets als kaiserlich königliche Majestät bezeichnet wird, daß daher die Ungarn früher die kaiserliche Würde ihres Königs nicht so stolz oder ängstlich perhorrescirten, wie es in unsern Tagen zu geschehen pflegt. Nicht uninteressant ist es auch, daß in den Gesetzen neben den ungarischen Ländern die übrigen Reichstheile immer die „benachbarten" oder auch die „anderen Provinzen" oder „Erbländer" genannt werden.

Am Schlusse des oben citirten Wiener Friedensschlusses leisten Böhmen, Mähren, Schlesien, Oesterreich und Steiermark Bürgschaft, daß „Se. geheiligte k. k. Majestät" die mit den Ungarn stattgefundene Aussöhnung unverbrüchlich in jedem ihrer Theile beobachten werde, und daß auch die „Nachbarreiche und Provinzen nichts unternehmen werden, wodurch das freund-nachbarliche Verhältniß gestört werden könnte." Die Ungarn andererseits versprachen dafür „den benachbarten Provinzen über die Aufrechthaltung eines freund-nach-

---

*) Vereinbarung zwischen Erzherzog Mathias, als Bevollmächtigtem Kaiser Rudolfs und Stefan von Illyésházy bezüglich der Bocskay'schen Unruhen.

barlichen Verhältnisses und über alles, was ihnen zu diesem Zwecke
nothwendig erscheinen wird, im Sinne der a l t h e r g e b r a ch t e n
V e r t r ä g e eine besondere Verbriefung herzustellen."
Diese beiden Stellen zeigen erstlich, in wie hohem Grade da=
mals nicht blos die ungarischen, sondern auch die andern Erbländer
dem Monarchen gegenüber autonom waren, sie beweisen aber auch,
daß diese Länder damals zwar nicht in eine gemeinsame Staatsma=
schine eingezwängt, aber doch auch nicht durch eine bloße Personal=
union verbunden waren, sonde n daß sie sich selbständig auf eine
sehr nachahmungswürdige Weise unter der Hoheit des gemeinschaft=
lichen Monarchen praktisch über ihre gemeinsamen Interessen zu ver=
einigen wußten.

Die pragmatische Sanktion Karls VI. (für Ungarn III.) wird
auf beiden Seiten für das entschiedene Aktenstück in dem schwebenden
staatsrechtlichen Prozeß gehalten. Das Oktoberdiplom nahm die prag=
matische Sanktion zur Basis, und die ungarische Adresse beruft sich
auf dieselbe pragmatische Sanktion, um das Oktoberdiplom zu ver=
dammen.

Karls VI. berühmtes Erbfolgegesetz aber wird weder für die
eine, noch für die andere Seite entscheiden, wenn es blos nach seinem
buchstäblichen Wortlaut aufgefaßt wird. In der ganzen pragmatischen
Sanktion ist ausdrücklich weder von einer Personal= noch von einer
Realunion die Rede. Es ist dies leicht erklärlich. Dem Kaiser war
nur darum zu thun, alle Erbländer bei seinem Hause zu erhalten, eine
eigentliche Verfassungsfrage lag ihm fern, und sowohl ihm als seinen
Räthen mochten die Begriffe Real= und Personalunion noch gar
nicht geläufig sein. Karl wollte nur die Erbfolge für das weibliche
Geschlecht festgestellt und anerkannt wissen, in Betreff des Verhält=
nisses der verschiedenen Erbländer zu einander getröstete er sich mit
der bisherigen Gepflogenheit und mit dem, was künftige Zeiten ge=
stalten würden.

Wird die pragmatische Sanktion, wie es vernünftigerweise noth=
wendig ist, nach ihrem Geist und Zweck aufgefaßt, so muß jeder Un=
befangene erkennen, daß darin nicht der Gedanke einer bloßen Per=
sonalunion, sondern das Streben, eine große politische und kriegerische
Macht zu erhalten, zu Grunde liegt.

Der Zweck der pragmatischen Sanktion ist ausdrücklich mit hoch bedeutsamen Worten ausgesprochen. Der Kaiser gab sie „als beständige Successionsordnung und **unzertrennliche Vereinigung aller seiner Lande sowohl außerhalb als innerhalb Deutschlands.**"

Die Stände aller Erblande haben die pragmatische Sanktion feierlich angenommen, und sie haben dies sicher nicht lediglich aus persönlicher Affektion für das Haus Habsburg, sondern im wohlverstandenen eigenen Interesse gethan. Es heißt ja in der Urkunde ausdrücklich, daß „alle Stände nach reifer Ueberlegung in ihren Versammlungen und nach besonderer Erwägung des Besten und Nutzens, welcher den lieben und getreuen Unterthanen daher zufließen möchte, darinnen einstimmig und freiwillig konsentiret und die pragmatische Sanktion mit allem Respekt und Submission, auch besonderer Danknehmigkeit angenommen haben."

Der Nutzen, welchen die einzelnen Länder durch die Annahme der pragmatischen Sanktion erlangen wollten, bestand zuoberst gewiß in der größern Sicherheit gegen auswärtige Feinde, in dem höhern politischen Rang, welchen die Vereinigung zu einer Großmacht gewährte, worin zugleich eine Garantie des Fortbestandes der individuellen Selbständigkeit gegeben war. Dazu kommen die selbstverständlichen tausendfältigen Vortheile des innern Lebens, welche durch die Zusammengehörigkeit in einem großen Staatenkomplex bedingt sind.

Auch die Ungarn haben die pragmatische Sanktion feierlich angenommen, und sie haben es schwerlich blos aus Respekt und Submission gethan, sondern gewiß auch aus denselben Nützlichkeitsgründen, welche sich schon bei der Wahl Ferdinands I. geltend gemacht.

Diese gewiß begründete Voraussetzung wird durch ausdrückliche Gesetzartikel außer allen Zweifel gesetzt.

Als auf dem Landtage von 1687 unter Leopold I. die Erbfolge nach dem Rechte der Erstgeburt in der männlichen Linie festgestellt wurde, motivirten die Stände dies in folgender Weise:

„Nachdem Se. geheiligte kais. kön. Majestät mit ihren siegreichen glorwürdigen Waffen den unmenschlichen Feind der Christenheit, die Türken, in mehreren blutigen Gefechten geschlagen und unter göttlichem Beistand denselben von den täglich bedrohten Bollwerken zurückgetrieben, und die Hauptfesten des Reiches aus seinem Rachen, unter dem sie zum größten Verderben der Nation so lange schmachteten, entrissen, insbesondere aber den altehrwürdigen Königssitz, die Festung Ofen, dieses Bollwerk des Reiches sammt dem größten Theil desselben befreit, und überhaupt zur Befreiung des theuern Vaterlandes diese und noch viele andere Thaten vollführt haben, so erklären die gesammten Stände dieses Königreichs Ungarn und der damit verbundenen Theile zum ewigen Angedenken an jene so namhaften Wohlthaten und zur immerwährenden Bethätigung ihrer dankbarst ergebenen Gesinnungen, daß" u. s. w.

Die Annahme der pragmatischen Sanktion selbst erfolgte auf dem Landtage von 1723. Sie wird im II. Gesetzartikel dieses Landtages ausgesprochen und motivirt. Wir glauben diesen bezeichnend wichtigen Artikel hier seinem vollen Wortlaut nach aufnehmen zu müssen. Er lautet:

„Obwohl die getreuen Stände des Königreiches Ungarn und der damit verbundenen Nebenländer in Anbetracht des blühenden Alters, der Kräfte und des Gesundheitszustandes Sr. geheiligten k. k. Majestät und voll Vertrauen auf die göttliche Gnade die größte Zuversicht hegen, daß Allerhöchstdieselben mit großen und ruhmvollen Nachfolgern männlichen Geschlechtes gemäß den Bitten der getreuen Stände, welche zu diesem Zwecke zu Gott emporgeschickt worden sind und unaufhörlich emporgeschickt werden, reichlich gesegnet werden wird und daß die getreuen Stände des Königreiches mit einer ununterbrochenen Reihe von Allerhöchstdero männlichen Erben beglückt sein werden,

§. 1.

So übertragen sie doch, wohl wissend, daß auch Könige und Fürsten dem Loos der Sterblichkeit, gleich andern Menschen unterworfen sind, in der reiflichen und wohlbedachten Erwägung, wie viele und wie große ruhmvolle Thaten sowohl von den Vorfahren Sr. geheiligten k. k. Majestät, von Allerhöchstdero höchstseligem Vater Leopold und Bruder Josef, den ruhmgekrönten Königen von Ungarn, als auch zumal von Seiner huldreichst jetzt regierenden k. k. Majestät zur Erhöhung der Staatswohlfahrt und zu immerwährendem Heile Allerhöchstdero getreuer Unterthanen im Krieg und

Frieden vollbracht worden sind, zumal Allerhöchstdieselbe nicht nur dies Ihr erbliches Königreich Ungarn und alle damit verbundenen Nebenländer in dem Länderbestande, auf welche sie durch Allerhöchstdero vorher erwähnte Vorfahren gebracht worden waren, erhalten, sondern dieselben auch bei Gelegenheit des letzten Türkenkrieges nach muthvollem Kampfe gegen den wüthenden Andrang der Feinde, durch die Kraft Dero siegreichen, vom Glück gekrönten Waffen, zu unsterblichem Ruhme Allerhöchstdero Namens und immerwährender Sicherheit der Stände und Bürger des Königreichs auch auf die (einst) damit verbundenen Königreiche und Länder ausgedehnt hat, damit das Königreich auch **in allen folgenden Zeiten vor auswärtigen und inneren Unruhen und Gefahren gesichert werde und in segensvoller und beständiger Ruhe und aufrichtiger Einigung der Gemüther gegenüber jeder äußern Gewalt glücklich bestehen könne,**

§. 2.

Und um außerdem auch allen innern Aufregungen und den Uebeln eines Interregnums, die leicht zu entstehen pflegen und den Ständen des Königreichs selbst von Alters her wohl bekannt sind, sorgsam vorzubeugen,

§. 3.

aufgemuntert durch löbliche Beispiele ihrer Vorfahren,

§. 4.

und beseelt von dem Wunsche, sich gegenüber Sr. geheiligten k. k. Majestät, Ihrem huldvollsten Herrn, dankbar und getreu in aller Ehrfurcht zu beweisen,

§. 5.

im Falle des Aussterbens der männlichen Linie Sr. geheiligten k. k. Majestät (was Gott gnädigst verhüten wolle) das erbliche Recht der Nachfolge in dem Reiche und der Krone von Ungarn und den dazu gehörigen Ländern und Reichen, die bereits mit Gottes Beistand wieder gewonnen worden, auch auf das weibliche Geschlecht des durchlauchtigsten Hauses Oesterreich, und zwar zunächst auf die Nachkommen Seiner erhabenen jetzt regierenden geheiligten k. k. Majestät,

§. 6.

dann in Ermanglung solcher, auf jene des höchstseligen Kaisers Josef;

§. 7.

wenn es auch an solchen fehlen sollte, auf die Nachkommen des Höchstseligen Kaisers Leopold und jene Erzherzoge von Oesterreich ohne Rücksicht des Geschlechts, welche die Nachfolger derselben sind und der römisch-katholischen Kirche angehören, in Gemäßheit des Rechtes der Erstgeburt, wie es von Seiner geheiligten jetzt regierenden k. k. Majestät auch in Allerhöchstdero übrigen Königreichen und Erbländern in und außerhalb Deutschland eingeführt worden ist, welche nach dem vorerwähnten Rechte und Ordnung **untrennbar und unauflösbar mit einander und zugleich mit dem Königreiche Ungarn und den damit verbundenen Ländern, Reichen und Provinzen in den Besitz der Erben übergehen sollen,**

§. 8.

Und sie genehmigen die erwähnte Erbfolgeordnung.

Aus diesen Aktenstücken erhellt doch gewiß unwiderleglich klar, daß es den Ungarn bei der Annahme der pragmatischen Sanktion sicher nicht blos darum zu thun war, eine ununterbrochene Reihe von habsburgischen Persönlichkeiten auf dem Throne zu haben, sondern daß sie in ihrem eigenen wohl berechneten Interesse auf die Macht reflektirten, über welche das Haus Habsburg verfügte.

Die Erhaltung der in der Vereinigung der habsburgischen Erbländer dargestellten, die Integrität aller Erbländer schützenden Großmacht war Grund und Zweck der Erlassung und der Annahme der pragmatischen Sanktion.

Wer nun den Zweck will, muß auch die zweckdienlichen Mittel wollen.

Die bloße Personalunion ist aber durchaus nicht das zweckdienliche Mittel zur Erhaltung der habsburgischen Großmacht.

Die reine Personalunion ist keine Vereinigung, sondern eine Theilung der Macht. Es liegt im natürlich nothwendigen Wesen dieses Verbandes, daß es beide Theile durch beständiges Mißtrauen und eigensinniges Rivalisiren in der Kraftentwicklung hemmt, dadurch die Kräfte fesselt und abschwächt und unausbleiblich zu der Katastrophe führt, daß entweder die Trennung eintritt, oder ein Theil den andern unterjocht.

Die Hinweisung auf Schweden und Norwegen widerlegt diese unsere Behauptungen nicht. Diese beiden Länder in ihrer idyllischen Zurückgezogenheit und nothgedrungenen Neutralität können überhaupt nicht mit Oesterreich und Ungarn verglichen werden, welche mitten im Völkergedränge und Weltgetriebe stehen und in jeder europäischen Angelegenheit nothwendig aktiv sein müssen. Aber abgesehen hiervon äußern sich selbst in Schweden und Norwegen längst und immer stärker die verderblichen Folgen der bloßen Personalunion. Durch dieselbe ist das skandinavische Reich nicht erstarkt, sondern schwächer geworden als es je gewesen, und sobald eine Krisis hereinbricht, wird entweder die Realeinigung oder die Trennung eintreten, oder es wird ein Theil von dem andern unterjocht werden müssen.

Die reine Personalunion widerspricht dem vernünftig aufgefaßten monarchischen Begriff. Sie bringt den Monarchen in eine völlig unhaltbare Stellung, sie stürzt ihn in unauflösbare Kollisionen, indem sie ihn nicht selten zwingen will, als Herrscher des einen Landes sein eigener Gegner in Betreff des andern Landes sein zu sollen. Die Personalunion macht den Monarchen zu einer von zwei entgegengesetzt wirkenden Hebeln hin und her gezogenen bloßen Regierungsfigur, sie zwingt ihn endlich, wenn er nicht auf und davon gehen will, sich für den praktisch gefügigeren Theil zu entscheiden und mit der Kraft desselben den andern Theil zu unterwerfen.

Länder, welche außer der Person des Monarchen für die gemeinschaftlichen Interessen gar keine weiteren gemeinschaftlichen Institutionen haben, sind gar nicht und am wenigsten unzertrennlich vereinigt, sondern sie stehen schroffer, ja feindseliger neben einander als ganz fremde Nachbarstaaten, denn gerade die Einheit in der Person des Monarchen ist eine beständige Veranlassung zu mißtrauischem, eifersüchtigem, trotzigem Zwiespalt.

Die reine Personalunion widerspricht auch beschimpfend dem Begriff der Volkswürde und Freiheit, denn da sie erwiesenermaßen

gar keinen Nutzen, sondern nur Schaden bringt, so müßte man an=
nehmen, daß ein Volk, welches sich ohne Rücksicht auf, ja offenbar
gegen sein Interesse auf die Personalunion steift, dies lediglich aus
Respekt und Submission vor einem bestimmten Herrschergeschlechte
thue! Einen Nutzen aus der Personalunion, nämlich wenigstens die
Machteinigung könnten die Völker nur dann erzielen, wenn sie sich in
dieser Beziehung jeder freien Selbstbestimmung entäußern, sich der
schrankenlosen Willkür des Monarchen preisgeben und gestatten, daß
er über sie wie über willenlose Werkzeuge verfügt. Wenn die Völker
dies nicht und doch einen Nutzen der Union wollen, so müssen sie der
Personalunion eine entsprechende reale Grundlage geben und autonom
dazu thun, daß dieß Verhältniß zweckmäßig gesetzlich geregelt werde.

Daß die deutsch=slavischen Erbländer die Union durch die prag=
matische Sanktion in diesem Sinne aufgefaßt haben, bedarf keines
Beweises, daß aber auch den Ungarn diese praktische Auffassung nicht
fremd war, dafür werden wir noch einige Gesetzartikel anführen.

Wir heben zuerst ein äußeres Zeichen hervor, welches in unsern
Tagen, wo wir den wilden Sturm gegen die kaiserlichen Doppeladler
erleben mußten, von lehrreicher Bedeutung sein dürfte.

Auf dem Landtage von 1722—23 wurde der königlich ungarische
Statthaltereirath gegründet, und da heißt es im §. 3 des 48. Gesetz=
artikels:

„Der Rath soll sich des Siegels Sr. k. k. Majestät mit
dem Adler und den Insignien des Königreiches in der Mitte be=
dienen, so wie dies auch in den übrigen Erbkönigreichen
und Ländern zu jeder Zeit gebräuchlich war."

Im 51. Gesetzartikel, welcher von der Geschäftsordnung des
Statthaltereirathes handelt, heißt es im §. 4 in bezeichnender Weise:

„Was aber die Korrespondenz mit den benachbarten Königreichen
und Ländern anbelangt, so wird, da die in den genannten
Königreichen und Ländern befindlichen Gubernien
und Regierungen in öffentlichen Angelegenheiten
nicht mit einander korrespondiren, sondern gehor=
samste Berichte an Se. geheiligte Majestät erstatten,
dies ebenfalls bei diesem Rathe zu beobachten sein."

Neben diesem Formalen wollen wir nun etwas ausgezeichnet Reales anführen.

Der 1. Gesetzartikel des Landtages von 1722—23 ist eine Dankadresse an den Kaiser und sie lautet in ihrem ersten Absatz wie folgt:

„Nachdem die Stände des Königreiches Ungarn und der damit verbundenen Länder die väterliche und huldreiche Zuneigung Sr. geh. k. k. Majestät gegen die gedachten auf dem gegenwärtigen Landtage so glücklich und zahlreich wie kaum jemals versammelten Stände und die Sorge für die Erhaltung so wie für die Vermehrung des Länderbestandes des Königreiches Ungarn und der damit verbundenen Nebenländer, ingleichen **für die Herstellung einer für alle Fälle und insbesondere auch gegen fremde Gewalt ausreichenden Vereinigung mit den benachbarten Königreichen und Erbländern** und für die Aufrechterhaltung der inneren Ruhe aus den huldreichst von Sr. k. k. Majestät an die Stände des Reiches und der damit verbundenen Länder erlassenen allergnädigsten Komitialbriefe und aus den jüngst gemachten Propositionen mit allzeit pflichtgetreuem Eifer unterthänigst wahrgenommen haben, so statten sie für diese ihnen gegenüber allergnädigst bewiesene väterliche und huldvolle Zuneigung Sr. geheiligten k. k. Majestät ihren ehrfurchtsvollsten Dank ab."

Dieser Dank war die Einleitung zur Annahme der pragmatischen Sanktion, und aus dem, was da über eine für alle Fälle und insbesondere auch gegen fremde Gewalt ausreichende Vereinigung mit den anderen Erbländern gesagt wurde, erhellt doch gewiß klar, daß die Ungarn damals die pragmatische Sanktion in einem sehr realen Sinne aufgefaßt haben.

Unter Maria Theresia, „dem ersten König", welcher kraft der pragmatischen Sanktion den Thron Ungarns bestieg, kommt im 11. Gesetzartikel des Landtags von 1741 eine Stelle vor, welche von der bescheidenen Loyalität der Ungarn ein rührendes Zeugniß gibt. Sie lautet:

„Dankbaren Sinnes haben die Stände Ihrer geheiligten Majestät huldvolle Erklärung entgegen genommen, welche Allerhöchstdieselbe in Gnaden auszusprechen geruhte: Sie sei von solcher Liebe und Zuneigung für die ungarische Nation durchdrungen, daß auch nicht im entferntesten daran gezweifelt werden könne, Ihre Majestät halte sie nicht nur mit den übrigen Nationen gleich in Ansehen, Ehre und Werthschätzung, sondern werde auch überdies ihre königliche Huld und mütterliche Zuneigung in der Förderung der Wohlfahrt dieses Reiches zu bethätigen geruhen."

In den folgenden Paragraphen dieses Gesetzartikels wird dankbar zur Kenntniß genommen, daß die Königin (Maria Theresia war damals wirklich nur Königin) die ungarischen Angelegenheiten durch Ungarn werde besorgen lassen, daß sie selbst an ihrem Hoflager sich der Mitwirkung und des Beirathes Ihrer getreuen ungarischen Räthe bedienen und bei sehr wichtigen Angelegenheiten den Primas, Palatin und andere Würdenträger des Reiches, wie auch den Banus von Kroatien, Slavonien und Dalmatien in Allerhöchst Ihre Nähe berufen wolle. Dann kommt im §. 4 folgender merkwürdige Satz vor:

„Ihre Majestät wird selbst in ihr Staatsministerium Männer der ungarischen Nation zu ernennen geruhen."

In diesem Satze eines ungarischen Gesetzartikels wird doch gewiß Niemand eine Spur, und zwar eine sehr deutliche Spur einer Realunion verkennen.

Wozu ungarische Mitglieder des Staatsministeriums, wenn dieses sich nicht auch mit den ungarischen Angelegenheiten, soweit dieselben von den allgemeinen eben der Natur der Sache nach nicht getrennt werden konnten, zu beschäftigen hatte? Dabei ist wohl zu bemerken, daß diese Entschließung Maria Theresias von den ungarischen Ständen als eine allergnädigste Concession dankbar empfangen wurde, was auf die natürliche Voraussetzung hinweist, daß das österreichische Staatsministerium sich auch schon früher sachgemäß mit ungarischen Angelegenheiten beschäftigte, und daß die Ungarn eine Befriedigung darin fanden, daß dies fortan wenigstens nicht ohne den Beirath ungarischer Minister geschehen sollte.

In Zusammenhang mit dem soeben zitirten Artikel des Landtags vom Jahre 1741 steht der 17. Gesetzartikel des Landtags vom Jahre 1790—91. Die Regierung Josefs II. betrachteten und betrachten die Ungarn als ein Interregnum, und der kaiserliche Philosoph bekräftigte diese Rechtsanschauung durch die widerrufenden Verfügungen, die er auf dem Sterbebette traf. Sein Nachfolger Leopold II. restaurirte die ungarische Verfassung, und in Bezug darauf lautet der 17. Artikel von 1790 — 91 wie folgt:

„Nachdem der 11. Gesetzartikel des Jahres 1741 hier in seiner ganzen Ausdehnung wiederum zur Geltung gebracht worden, geruhte Se. geheiligte Majestät **aus freiem Antriebe** huldvoll zu erklären, daß Sie für die Verwirklichung des genannten Gesetzartikels in allen seinen Theilen Sorge tragen werde, und in dieser Hinsicht sowohl in das **Staatsministerium Ungarn aufnehmen**, als auch Befehl ertheilen werde, daß **denjenigen Ungarn**, welche, vorausgesetzt, daß sie die nöthigen Geistesgaben und Fähigkeiten besitzen, **Gesandtschaftsposten zu übernehmen geneigt wären**, in der geheimen Staatskanzlei alle erforderliche Gelegenheit geboten werde, sich gründlich auszubilden; außerdem erklärte Se. Majestät, die Wünsche der Stände auch in so ferne befriedigen zu wollen, daß die innern Angelegenheiten durch Ungarn, **die äußern aber mit Hinzuziehung von Ungarn** besorgt und so unmittelbar der Entscheidung Sr. Majestät vorgelegt werden sollen."

Wie häufig die angesehensten Mitglieder des ungarischen Magnatenstandes sich dem diplomatischen Dienst gewidmet, und welche ausgezeichnete, nicht selten historisch hervorragende Rolle sie darin gespielt, ist bekannt genug. Diese ungarischen Diplomaten repräsentirten aber doch gewiß nicht blos das Königreich Ungarn, sondern das Kaiserthum Oesterreich, und es ist kein Beispiel bekannt, daß der ungarische Landtag dagegen Einsprache erhoben hätte. Die Ungarn anerkannten also in dieser Beziehung die vollkommene Realunion mit Oesterreich, sie fügten sich dem welthistorischen Urtheil, welches, bei aller Achtung der nationalen Selbständigkeit Ungarns, dasselbe, was die Weltstellung betrifft, als einen integrirenden Bestandtheil der Großmacht Oesterreich betrachtet.

Es ließen sich wohl bei genauerem Umsehen in dem sehr umfangreichen corpus juris hungarici noch mehrere unserm Zweck dienliche Artikel finden; allein die bereits zitirten dürften genügen, um wenigstens zu beweisen, daß in den ungarischen Gesetzen jedenfalls mannigfache und bedeutende S p u r e n einer Realunion mit Oester= reich vorkommen

Wir wollen nun dem voraussichtlichen Vorwurf begegnen, daß wir bei unsern gesetzlichen Anführungen es unterlassen haben, immer auch hervorzuheben, daß die Stände Ungarns bei allen Wahlen und Krönungen, bei allen Erb= und sonstigen Staatsverträgen, überhaupt bei jeder irgend feierlichen Begegnung mit dem Monarchen stets mit energischem Nachdruck die Selbständigkeit und Freiheit ihres Landes betonten, und die Aufrechthaltung ihrer verfassungsmäßigen und anderen Rechte, Freiheiten, Privilegien, Immunitäten, Gebräuche, Prärogative, sowie der bereits bestehenden und auch in Zukunft auf Landtagen zu erlassenden Gesetze zur „conditio sine qua non" machten.

Wir haben diese allerdings fast in allen Gesetzartikeln stereotyp vorkommenden Rechtsverwahrungen nicht jedesmal abgeschrieben, weil wir sie zu unserm und des Lesers Frommen am Schlusse dieses Abschnittes ein für allemal würdigen wollten.

Obwohl wir nun die Bedeutung dieser Rechtsverwahrungen an und für sich sehr hoch schätzen, obwohl wir aus vollem Herzen an= erkennen, daß die Ungarn durch das unerschütterlich treue Festhalten an ihrer Verfassung, durch die rastlose Wachsamkeit und edle Frei= müthigkeit, mit der sie die Rechte ihres Landes bei jeder Gelegenheit hüteten und vertheidigten, ein Muster für alle Völker geworden sind, so können wir doch nicht zugestehen, daß besagte Rechtsverwahrungen gegen unsere Deduktionen eine widerlegende Kraft besitzen.

Aus diesen Rechtsverwahrungen kann für Ungarn durchaus keine besondere Stellung abgeleitet werden, denn auch alle andern Erbländer haben bei allen ähnlichen Anlässen ganz gleiche, oder doch wesentlich ähnliche Bedingungen gestellt und Verwahrungen eingelegt. Jedes Erbland fühlte sich als selbständige Kommunität, als möglichst souveräne historisch=politische Individualität. Alle widerstrebten gleich= mäßig der Verschmelzung in einen uniformen Staatskörper, und nichts war ihnen schrecklicher als die Regierungsform des Reichs= feindes, die französische Centralisation, und dies um so mehr, als es von Jahr zu Jahr offenbarer wurde, daß das Muster von Ver=

sailles wie eine anstedende Modeseuche wirkte. Beſaßen auch die Un=
garn durch ihre Verfaſſung einen höhern Grad von Freiheit und
Selbſtregierung, ſo war doch die Stellung aller Erbländer im We=
ſentlichen ziemlich gleich. Die Monarchen mußten in allen irgend
wichtigen Fällen mit den Ständen jedes Erblandes beſonders pak=
tiren, und namentlich wenn ſie Geld und Kriegsleute brauchten,
mußten ſie ſich in ziemlich demüthiger Weiſe an jeden einzelnen Land=
tag wenden und ſie machten dabei nicht nur in Ungarn, ſondern auch
anderswo oft ſehr bittere Erfahrungen.

Damals war in dem Verhältniß der einzelnen Erbländer
zur Geſammtmacht des Habsburgiſchen Thrones allerdings der Cha=
rakter der Perſonalunion vorherrſchend, und es war für den thatſäch=
lich vorhandenen Realnexus auch noch faſt gar keine geſetzlich feſte
Form und Organiſation vorhanden.

In demſelben Maße als in den deutſch=ſlaviſchen Erbländern
die Mitregierung der Stände aufhörte, um endlich dem unbeſchränk=
ten Abſolutismus das Feld zu räumen, trat die Stellung Ungarns
bevorzugt in den Vordergrund. Von da an war das Widerſtreben der
Ungarn gegen eine Ausdehnung der thatſächlich mehr oder weniger
beſtehenden Realverbindung ſehr begreiflich und vollkommen gerecht=
fertigt. Von da an wurden auch die Rechtsverwahrungen Ungarns
immer häufiger, dringender und ängſtlicher. Es kam nun dabei der
neue Zuſatz in Uebung: „daß Ungarn und die damit verbundenen
Länder nicht nach Art der übrigen Provinzen beherrſcht
und verwaltet werden dürfen.

Wir ſind weit entfernt, den Ungarn dieſen uns beſchämenden
Zuſatzartikel übel nehmen zu wollen, wir billigen ihn vielmehr von
ganzem Herzen; aber auch dieſe ſcharfe Rechtsverwahrung beweist
durchaus nicht, daß Ungarn zu Oeſterreich nur im Verhältniß der
Perſonalunion geſtanden. Ungarn iſt während der ganzen langen
Zeit, wo diesſeits der Leitha der Abſolutismus herrſchte, nicht nach
Art der übrigen Provinzen regiert worden, ſtand aber gleichwohl
fortwährend mit Oeſterreich in ſehr wichtiger und einflußreicher Real=
verbindung.

Gegenwärtig iſt der Grund, warum die Ungarn nicht nach Art
der andern Provinzen regiert werden wollten, wenn auch noch nicht

ganz, so doch der Hauptsache nach beseitigt, und was davon noch vorhanden ist, das soll eben unter Mitwirkung der Ungarn auf gesetzlichem Wege weggeschafft werden.

Alle Erbländer sind in ihre Selbständigkeit, in das uralte Recht der autonomen Selbstregierung wieder eingesetzt, und alle sind gleich eifrig bestrebt, dieses unschätzbare Recht für alle Zukunft festzuhalten und möglichst frei auszubilden.

Damit aber den unleugbar vorhandenen gemeinsamen Interessen und Bedürfnissen, damit namentlich dem uralten Hauptzweck der Vereinigung unter demselben Scepter, nämlich der Machteinigung Genüge geleistet werde, ist es unerläßlich, für die allgemeinen Belangen die gesetzliche Form festzustellen, und sie organisch lebendig zu machen.

Auch dazu sind alle Erbländer durch ihre, wenn auch diesmal noch nach einem unrichtigen und unfreien Wahlmodus aus dem Volk hervorgegangenen Vertreter berufen. Je eifriger und einiger alle daran Theil nehmen, desto leichter und besser wird das Werk gelingen, je lebhafter sich gerade diejenigen daran betheiligen möchten, welche am stärksten von dem Gefühle der Selbständigkeit durchdrungen sind, desto sicherer würde verhütet werden, daß die Centralgewalt die Autonomie der Individuen nicht mehr beschränke und schmälere, als es der Zweck der Gesammtheit unumgänglich nothwendig erheischt.

Und die Ungarn sollten diesem Werke fern bleiben? Sie haben im Laufe dreier Jahrhunderte gar manche Realverbindung mit Oesterreich ertragen, die nicht auf konstitutionellem Wege hergestellt worden war. Sie mußten sich dabei begnügen, ihre Rechtsverwahrung einzulegen, größtentheils ohne Hoffnung dieselbe jemals geltend machen zu können. Und jetzt, wo es sich darum handelt, für den Verband, der bisher dem Zufall, der Willkür und Gewalt überantwortet war, durch freie parlamentarische Beschlüsse die gesetzliche Regel festzustellen, jetzt, wo die vollkommen berechtigte Rechtsverwahrung und Rechtsforderung unmittelbar im offenen Volksrathe geltend gemacht werden kann, jetzt sollte Ungarn sich auf die reine Negation beschränken und sogar für alle Zukunft jede reale Verbindung mit uns perhorresciren?!

Man kann es nicht für möglich halten, daß dies der allgemeine, dauernde, definitive Entschluß Ungarns sein werde. Es läge darin eine zu schädliche Verkennung der eigenen Interessen, eine zu gefährliche aufs Spielsetzung des Vaterlandes und der Freiheit, und es wäre dies zugleich auch eine zu tiefe Kränkung des in den ungarischen Gesetzartikeln so oft und warm hervorgehobenen freundnachbarlichen und brüderlichen Verhältnisses zu uns.

III.

Der ungarische Adreßentwurf behauptet nicht nur, daß zwischen Oesterreich und Ungarn niemals irgend eine Realunion bestanden habe, sondern sogar, daß eine solche niemals bestehen konnte. Dieser Theil der ungarischen Deduktion ist am schwächsten; wir werden uns daher mit der Kritik derselben kurz fassen können.

Es wird behauptet, daß die Natur der staatsrechtlichen Stellung Ungarns zu den andern Erbländern jede Realunion zwischen beiden unmöglich mache.

Dafür werden folgende staatsrechtliche Beweismittel angeführt:

„Wenn im Jahre 1723 die pragmatische Sanktion nicht geschlossen worden wäre, so hätten nach dem Tode Karls III. (VI.) die Ungarn das Recht der freien Königswahl ausgeübt, und unter den damaligen politischen Konstellationen, bei dem gegen Oesterreich feindseligen Einfluß Frankreichs und Preußens unter Friedrich dem Großen wäre es möglich gewesen, daß die Ungarn nicht die Erzherzogin und Großherzogin Maria Theresia gewählt hätten. Dann wäre also die österreichische Monarchie, wie sie jetzt besteht, gar nicht zu Stand gekommen, und dadurch sei bewiesen, daß zwischen Oesterreich und Ungarn gar keine Realunion bestanden habe und bestehen konnte."

„Es sei ferner menschlicherweise nicht unmöglich, daß die österreichische Dynastie einmal gänzlich erlösche. In diesem Falle tritt für Ungarn wieder das Recht der freien Königswahl in Kraft, und wenn sich dann die Ungarn einen eigenen König wählen, so zerfällt die jetzige Monarchie, und es sei hierdurch abermals bewiesen, daß außer der Identität der Dynastie kein anderes Band vorhanden sei und vorhanden sein könne."

Diese beiden staatsrechtlichen Anführungen sind an und für sich vollkommen richtig, eben so unrichtig aber ist die daraus abgeleitete Beweisführung für die reine Personalunion.

Daraus nämlich, daß in dem Verhältniß zwischen Ungarn und

Oesterreich der gesetzliche Fall einer gänzlichen Trennung möglich war und ist, folgt doch gewiß nicht, daß in der Zwischenzeit bis zum Eintritt des möglichen Trennungsfalles neben der Personalunion nicht auch noch die durch die Natur der Dinge nothwendig gemachte reale Verbindung bestehen dürfe. Die Personalunion ist allerdings von hervorragender Wichtigkeit, die Dynastie ist das erste und wichtigste Band, welches die Monarchie zusammenhält; daraus folgt aber sicher nicht, daß die Dynastie nur das einzige Band sei und sein könne, daß die Personalunion nicht die reale Grundlage haben dürfe, ohne welche sie in der Luft stünde und die Zwecke nicht erreichen könnte, die sie erreichen soll.

Die beiden ungarischen Anführungen beweisen also nur so viel, daß nach dem jetzigen staatsrechtlichen Verhältniß, und wenn nicht etwa beide betroffene Theile in ihrem eigenen Interesse eine gesetzliche Vorsorge treffen, mit dem Aufhören der Personalunion auch jede reale Verbindung zwischen Oesterreich und Ungarn aufhört.

Es wird ungarischerseits noch ein weiterer Umstand hervorgehoben, welcher deutlich darauf hinweisen soll, daß zwischen Ungarn und den andern Erbländern eine Realunion niemals bestanden habe und nicht bestehen könne.

„Nach den Gesetzen Ungarns ist jedesmal der Palatin der Vormund des minderjährigen Königs; in den andern Erbländern aber kommt die Vormundschaft dem nächsten Verwandten des minderjährigen Fürsten zu. Dadurch sei bewiesen, daß zwischen solchen Ländern kein anderes und engeres Band bestehen könne als die Identität der Dynastie."

Diese Anführung beweist unseres Erachtens geradezu gar nichts. Wenn auch hundert ungarische Gesetzartikel den Palatin als den Vormund des minderjährigen Fürsten bezeichnen, so sagen sie doch nicht, daß der Palatin der einzige Vormund sein müsse, und sie können dieß nicht sagen, weil sie sonst in diesem Falle indirekt sogar die Personalunion aufheben würden. Die Verwicklung, welche die ungarische Schrift aus diesem Anlaß erblickt, ist eine ganz imaginäre. Wenn schon in Privatverhältnissen Minderjährige nicht selten mehrere Vormünder bekommen, so ist dies bei Thronerben, zumal in so complicirten Verhältnissen wie die österreichischen um so mehr begreiflich

und sogar nothwendig. In Oesterreich wäre ohne Zweifel die grund=
gesetzliche Verfügung angezeigt, daß für den minderjährigen Monarchen
ein Vormundschaftsrath aus Vertretern der sämmtlichen Erbländer
bestellt werden müsse; wie wir ja ein Beispiel unter Albrecht V. (II.)
gesehen haben. Was dann die vormundschaftliche Regierung betrifft,
so wären die Schwierigkeiten derselben in der That nicht viel größer
als sie unter den schwierigen Verhältnissen Oesterreichs überhaupt
und regelmäßig vorhanden sind. Der Fall der Minderjährigkeit wäre
analog dem Falle der Abwesenheit oder Krankheit des Monarchen. In
diesem Falle ist in Ungarn ebenfalls der Palatin der gesetzliche Vertre=
ter; in Oesterreich ernennt der Monarch entweder einen Alterego, oder
es ist dies ebenfalls gesetzlich der nächste Verwandte. Dieser Alterego
besorgt zunächst die spezifisch österreichischen, der Palatin die spezifisch
ungarischen Angelegenheiten. Die gemeinsamen, aus der allezeit noth=
wendigen realen Verbindung fließenden Geschäfte wären früher von
den Vertretern des Monarchen gerade so wie von diesem selber nach
der Opportunität und Usance besorgt worden, und sie könnten künf=
tighin viel sicherer und leichter durch die Mitwirkung der gemein=
schaftlichen Reichsvertretung nach vereinbarten Gesetzen besorgt
werden.

IV.

Auch die staatsrechtliche Stellung der Erblande in der Vergangenheit und Gegenwart, soll nach ungarischer Anschauung eine andere als die bloße Personalunion zwischen Oesterreich und Ungarn unmöglich machen.

„Zur Zeit, als die pragmatische Sanktion abgeschlossen wurde, wären nämlich die Erblande Glieder des römisch-deutschen Reiches gewesen. Ungarn aber wäre nie (?) ein Bestandtheil desselben gewesen. Der Feudalcharakter der einzelnen Länder des deutschen Reiches wäre aber so verschieden von der nicht feudalen, von keiner andern Macht abhängigen staatsrechtlichen Stellung Ungarns gewesen, daß es gar nicht möglich war, zwischen Ländern von so verschiedener Rechtsstellung eine andere als die bloße Personalunion zuwege zu bringen."

Diese Beweisführung ist durchaus unhaltbar.

Lange vor dem Abschluß der pragmatischen Sanktion war der westphälische Friede abgeschlossen worden, und durch denselben erlangten die Glieder des deutschen Reiches das Recht, sogar mit fremden Mächten Bündnisse abzuschließen, um so weniger kann daher das Recht des Kaisers bezweifelt werden, für den einen Theil seiner Hausländer mit dem andern — (Ungarn wollte und will ja doch ein, und zwar nur ein Hausland der Dynastie sein) — in eine engere reale Verbindung zu treten. Dadurch wurde die specielle Rechtsstellung weder der deutsch-slavischen, noch der ungarischen Erbländer alterirt. Ungarn wurde dem deutschen Reiche nicht unterworfen und einverleibt, denn die Verbindung mit Oesterreich bezog sich ja nur auf den ursprünglichen Hauptzweck der Vereinigung überhaupt, nämlich auf die Herstellung und Erhaltung einer habsburgischen Großmacht. Daß eine solche bestand, und in der ganzen Zeit, seit Ungarn dazu gehörte, ihre eigenen, von den reichsdeutschen nicht selten getrennten Wege ging, eine eigene österreichische Politik verfolgte, davon geben die Blätter der Weltgeschichte Zeugniß, wie auch davon, daß an dieser Politik immer auch Ungarn aktiv und passiv seinen sehr realen Antheil hatte.

Auch das Verhältniß der deutsch-slavischen Erbländer zu Deutschland wurde durch die engere Verbindung mit Ungarn nicht im mindesten verletzt, denn daraus, daß man Mitglied der einen Genossenschaft ist, folgt doch gewiß nicht, daß man keinem andern Vereine angehören dürfe, vorausgesetzt, daß die Zwecke dieser Vereine sich nicht widerstreiten. Daß dies aber in dem Verhältniß zwischen Deutschland, Oesterreich und Ungarn nicht der Fall war, beweist die lange thatenreiche gemeinschaftliche Geschichte, und die Ungarn bewiesen es gleich ursprünglich, indem sie sich ja dem Hause Habsburg unterwarfen, obwohl, ja gerade weil es das mächtige deutsche Kaiserhaus war.

Die heutige ungarische Anschauung der Sache legt den ganz irrigen Vorwand, die grundlose Voraussetzung zu Grunde, als ob es sich um eine durchgreifend vollständige Realunion, d. i. um eine gänzliche Verschmelzung zu einem uniformen Staatskörper handelte. Wäre eine solche Realunion eingetreten, dann freilich hätte dieselbe die beiderseitigen besonderen Rechtsverhältnisse aufgehoben, und die Folge hätte sein müssen, daß entweder die deutsch-slavischen Erbländer die ungarischen in den deutschen Reichsverband hineingezogen hätten, oder daß dieselben durch Ungarn aus Deutschland herausgezogen worden wären.

Allein an eine solche vollständige Realunion wurde früher nicht gedacht und soll auch jetzt und künftig nicht gedacht werden.

Es handelte und handelt sich — man kann dies nicht genug oft wiederholen — immer nur darum, für die Gesammtheit aller Erbländer jene Realunion anzuerkennen, welche nach der Natur der Dinge unerläßlich nothwendig ist, um den ursprünglichen und einzig praktisch vernünftigen Hauptzweck der Personalunion, nämlich die Kraft- und Machteinigung für die gemeinsamen Interessen und weltpolitischen Aufgaben zu erreichen.

Deshalb konnte Kaiser Franz I., als er 1804 den Titel eines Erbkaisers von Oesterreich annahm, mit voller Berechtigung und ohne irgend eine Pflichtverletzung sagen:

„Wir haben nach gepflogener reiflicher Ueberlegung beschlossen, für uns und unsere Nachfolger in dem **unzertrennlichen** Besitze unserer **unabhängigen Königreiche und Staaten**, den Titel und die Würde eines erblichen Kaisers von Oesterreich dergestalt feierlichst anzunehmen und fest zu setzen, daß unsere **sämmtlichen Königreiche, Fürstenthümer und Provinzen ihre bisherigen Titel, Verfassungen, Vorrechte und Verhältnisse fernerhin unverändert beibehalten sollen.**"

Schon in diesen Eingangssätzen des Patentes vom 1. August 1804 ist das Verhältniß genügend bezeichnet; um aber allen Mißdeutungen und Besorgnissen noch deutlicher zu begegnen, heißt es in den §§. 3, 4 und 5 weiter, wie folgt:

„Gleichwie aber alle unsere **Königreiche und andere Staaten** vorbesagtermaßen in ihren bisherigen Benennungen und Zuständen ungeschmälert zu verbleiben haben, so ist solches **insbesonderheit von unserm Königreiche Ungarn und den damit vereinigten Landen, dann von denjenigen unserer Erbstaaten zu verstehen, welche bisher mit dem römisch-deutschen Reiche in unmittelbarem Verbande gestanden sind und auch in Zukunft die nämlichen Verhältnisse mit demselben in Gemäßheit der von unsern Vorfahren im römisch-deutschen Kaiserthum unserm Erzhause ertheilten Privilegien beibehalten sollen.**"

„Wir halten unsern weiteren Entschließungen die Bestimmung derjenigen Feierlichkeiten bevor, welche für uns und unsere Nachfolger in Ansehung der Krönung als erblicher Kaiser festzusetzen für gut befinden werden; jedoch soll es bei **denjenigen Krönungen, welche wir und unsere Vorfahren als Könige von Ungarn und Böhmen empfangen haben, ohne Abänderungen auch in Zukunft verbleiben.**"

„Diese unsere gegenwärtige Erklärung und Verordnung soll in **allen unsern Erb-Königreichen und Staaten** in den gehörigen Wegen unverzüglich kundgemacht und in Ausübung gesetzt werden. Gleichwie wir nicht zweifeln, daß sämmtliche Stände und Unterthanen derselben diese gegenwärtige, auf die Befestigung des

Ansehens des vereinigten österreichischen Staatenkörpers zielende Vorkehrung mit Dank und patriotischer Theilnehmung erkennen werden."

Wir haben den Wortlaut des Aktenstückes, welches das Kaiserthum Oesterreich ins Leben gerufen, ausführlich aufgenommen, weil er in zweifacher Richtung für die gegenwärtige Streitfrage bedeutsam lehrreich ist und maßgebend sein sollte. Dadurch, daß in diesem ersten erbkaiserlich österreichischen Patente mit wiederholtem Nachdruck von den unabhängigen Königreichen und Staaten des Erzhauses die Rede ist, wird der historisch föderative Charakter des Kaiserthums Oesterreich feierlich anerkannt, indem aber zu gleicher Zeit auch das Ansehen des unzertrennlich vereinigten österreichischen Staatenkörpers betont wird, ist dadurch der reale Zweck der Personalunion in sehr deutlicher Weise charakterisirt.

Alle Erbländer haben das Patent vom 1. August 1804 ohne Widerspruch anerkannt, und wenn auch für die konstitutionelle Wachsamkeit der Ungarn eine besondere Erklärung vom 17. August desselben Jahres nothwendig wurde, so ist doch der Wortlaut derselben, daß nämlich „durch die Annahme des Erbkaisertitels die Rechte, Gesetze und die Verfassung Ungarns nicht im entferntesten geschmälert werden, und daß Ungarn auch fernerhin in seiner früheren staatsrechtlichen Stellung verbleibe", mit den Worten des an alle Erbländer gerichteten Patentes so wesentlich gleich, daß daraus unmöglich auf eine über die Eigenthümlichkeiten der ungarischen Verfassung hinausgehende weitere Ausnahmsstellung Ungarns geschlossen werden kann.

Genau dasselbe, was wir eben über das ehemalige Verhältniß der deutsch-slavischen Erblande zum deutschen Reiche ausgeführt, gilt auch zur Widerlegung der weitern ungarischen Behauptung, daß eine engere reale Verbindung zwischen Oesterreich und Ungarn unmöglich sei, weil die deutsch-slavischen Erbländer gegenwärtig zum deutschen Bunde gehören. Die Widerlegung wird hier sogar noch leichter, denn während die Fürsten des ehemaligen deutschen Reiches nur eine beschränkte Landeshoheit besaßen, erfreuen die Mitglieder des deutschen Bundes sich der vollen Souveränität und sind daher in der Eingehung staatsrechtlicher Verbindungen, wenn dieselben nur nicht feindlich gegen den Bund sind, vollkommen frei. Ungarn ist allerdings kein Mitglied des deutschen Bundes, und dieser trägt auch gar kein Verlangen nach dieser Bundesgenossenschaft, wie sich das zur Zeit des Schwarzenberg'schen Projektes, Gesammtösterreich in den Bund eintreten zu lassen, laut und energisch genug ausgesprochen hat. Ungarn hat also gar keine Ursache zu besorgen, durch Oesterreich in den deutschen Bund hineingezogen zu werden. Die mit Lasten verbundenen Verpflichtungen, welche die Bundesländer Oesterreichs gegen den Bund zu erfüllen haben, werden sie selbstverständlich für sich allein erfüllen, und ist dafür auch schon durch die gegenwärtige Verfassung Vorsorge getroffen, indem die Angelegenheiten, welche den nichtungarischen Erbländern allein gemeinschaftlich sind, der Verhandlung des engeren Reichsrathes vorbehalten werden..

Die Frage, ob die deutschen Interessen für Ungarn wirklich fremde Interessen sind, überlassen wir billig der Beurtheilung der ungarischen Politiker und erlauben uns nur, ihnen zu rathen, in die Geschichte ihrer Vergangenheit zurückzublicken und zugleich die tiefernsten Schwierigkeiten in Betrachtung zu ziehen, welche in der Gegenwart sich schon fühlbar machen und in einer voraussichtlich nicht zu fernen Zukunft zu Kollisionen führen können, bei denen die magyarische Kraft bei allem heroischen Selbstbewußtsein für sich allein doch nicht ausreichen dürfte. Die Behauptung, daß ein Krieg, den Deutschland unter pflichtgemäßer Mitwirkung Oesterreichs zur Behauptung seiner Integrität zu führen habe, Ungarn nichts angehe, beantworten wir mit der Frage, wo denn Ungarn für seine Selbstständigkeit und Integrität den schützenden Anhaltspunkt finden wolle, wenn nicht durch Vermittlung Oesterreichs an einem unabhängigen und mächtigen Deutschland; wir beantworten die stolze Behauptung mit der Erinnerung daran, daß Deutschland ohne durch Gesetzartikel dazu verpflichtet zu sein, Jahrhunderte hindurch sich in für Ungarn lebensgefährlich verhängnißvollen Momenten verpflichtet gefühlt hat, den Ungarn in ihren Kämpfen helfend und nicht selten rettend zur Seite zu stehen. Und diese oftmalige Hilfe und schließliche Rettung verdankte Ungarn zumeist seiner Verbindung mit Oesterreich. Wäre diese Verbindung nicht gewesen, so hätte Deutschland seine Grenzen gegen die Einfälle der Türken in ähnlicher Weise absperren können, wie später Oesterreich nach siegreichem Erfolge die Grenzen Ungarns durch die Militärkolonien abgesperrt hat. Auf deutschem Boden haben die Türken niemals festen Fuß gefaßt, wohl aber in Ungarn durch beinahe anderthalb Jahrhunderte. Nach dem in den Gesetzartikeln verewigten, oben citirten eigenen Geständniß der Ungarn mußte der altehrwürdige Königssitz Ofen und die andern Festen und Bollwerke des Reiches und das Reich selbst durch die glorwürdigen österreichisch-deutschen Waffen aus dem Rachen des unmenschlichen Feindes gerettet werden!

Und glaubt etwa Ungarn in Zukunft sicher zu sein, weil die Türkei in Ohnmacht versunken? Gerade diese Ohnmacht ist für Ungarn gefährlicher als die einstige Uebermacht der Osmanlis.

V.

Jede, selbst die blos publizistische Verhandlung mit Ungarn wird erschwert und für den österreichischen Politiker peinlich, weil die ungarischen Wortführer in dem Verhältniß der beiden Reichstheile gar keine Gegenseitigkeit der Interessen und Vortheile, gar keine Gleichheit der Bedeutung und Würde anerkennen wollen.

Während von österreichischer Seite bei jeder Gelegenheit laut und einstimmig anerkannt wird, daß die Verbindung mit Ungarn von entscheidend wichtiger Bedeutung für uns ist, und während durch dieses Bewußtsein die Ungarn für die öffentliche Meinung Oesterreichs der Gegenstand der achtungsvollsten Hochschätzung, ja nicht selten sogar einer übertriebenen Devotion sind, hören wir aus Ungarn fast nur geringschätzende Stimmen, welche die Verbindung mit Oesterreich nicht nur als überflüssig, sondern als lästig und schädlich darstellen und die nicht ungarischen Erbländer wie verlorene Posten, wie herrenlose Sachen betrachten, die dem Ersten besten gehören sollen, der sie eben nehmen mag. Es fehlt wahrlich nicht mehr viel, daß wir zu hören bekommen, wie uns am besten geholfen wäre, wenn wir unsere Länder so rasch als möglich in ungarische Komitate und uns selber in Magharen verwandeln würden.

Diese ungezügelte Selbstüberhebung bricht auch in dem sonst so staatsmännisch ruhig und edel gehaltenen Adreßentwurf gerade in denjenigen Stellen durch, in denen von dem Verhältniß zu uns, zu den Völkern Oesterreichs die Rede ist. Da wird ein Ton angeschlagen, der das Gefühl jedes Oesterreichers verletzen und kränken muß, da wird das künftige Verhältniß zu uns so hingestellt, als ob die Ungarn lediglich aus Mitleid sich nicht feindlich gegen, sondern brüderlich neben uns stellen, als ob sie lediglich aus Großmuth die Monarchie nicht zertrümmern, sondern sich mit uns von Fall zu Fall in Berührung setzen und sogar über ihre gesetzliche Verpflichtung hinaus ein Mehreres leisten wollten, um uns armen Verlassenen unter die Arme zu greifen.

Stolzes Selbstbewußtsein ist eine rühmenswerthe Eigenschaft jedes historisch bewährten Volkes; durch bis zum Hochmuth forcirte Selbstüberschätzung sind aber schon größere Nationen als die ungarische ins Verderben gerathen.

Der ungarische Adreßentwurf weist in schroffster Weise jede Verbindung mit uns, mit den Völkern Oesterreichs zurück, während diese Völker durch ihre gewählten Vertreter in den Landtagen und durch ihre Wortführer in der Publizistik den sehnlichen Wunsch nach einer freien Vereinbarung mit Ungarn ausgesprochen haben.

„Ungarn hat mit der Dynastie und nicht mit den Erbländern einen Vertrag abgeschlossen," so lautet das gegen uns stolze und zugleich politisch unkluge und unpraktische ungarische Wort. Nun freilich mit der Dynastie, denn zur Zeit als der Vertrag abgeschlossen wurde, und in der ganzen langen darauffolgenden Zeit war leider niemals die Möglichkeit geboten, daß die Völker miteinander hätten kontrahiren können! Jetzt aber ist die Gelegenheit geboten, und jetzt weisen die auf ihre Freiheitsliebe so stolzen Ungarn die freie Vereinbarung mit der österreichischen Volksvertretung zurück und steifen sich hartnäckig auf den dynastischen Vertrag!

Und wenn auch der Vertrag formell wirklich nur mit der Dynastie geschlossen worden ist, so waren doch reell sicher auch die Erbländer und die Völker derselben in den Vertrag mit hineinbezogen, denn die Ungarn haben ja Ferdinand I. ausdrücklich in der sehr praktischen Erwägung gewählt, daß sie von ihm, als dem Könige von Böhmen und dem Herrn der altösterreichischen Lande, kräftige Hilfe gegen die Türken erlangen würden. Es war also bei jener Personalunion nicht blos die isolirte Person des Monarchen, sondern offenbar auch Gut und Blut der Unterthanen ein sehr reeller Gegenstand des Vertrages.

Die Erbländer haben ihre, wenn auch nicht schriftlich festgesetzte, so doch natürlich selbstverständliche Vertragspflicht erfüllt und in wiederholten für Ungarn äußerst kritischen Momenten Gut und Blut für die Vertheidigung und Rettung des Brudervolkes geopfert.

Die Ungarn haben ihrerseits bei ähnlichen Anlässen mit von uns stets rühmend anerkannter Hingebung das Gleiche gethan. Wir wollen also die Ströme von Blut, die wir für einander vergossen, nicht abmessen, sondern nur hervorheben, daß doch wenigstens dieses Blut eine Realunion zwischen uns darstellt, daß aus dem Samen dieses edlen Herzblutes der Nationen die feste Einigung, nicht aber Zwietracht und Trennung emporsprießen sollte.

Die Ungarn berufen sich so gern und mit so vollem Rechte auf das edle Beispiel ihrer Ahnen. Nun wohlan, wir selber wollen zwei solche ewig ruhmwürdige Beispiele zitiren:

Als die Giltigkeit der pragmatischen Sanktion fast von ganz Europa mit den Waffen bestritten wurde, da erhoben sich die Ungarn und flogen mit altbewährter unwiderstehlicher Tapferkeit in den Kampf, um das neue Staatsgrundgesetz aufrecht zu erhalten, d. h. um die unzertrennliche Vereinigung aller österreichischen Erbländer zur Wahrheit zu machen. Und sie thaten dies doch gewiß nicht blos aus Liebe zu der liebenswürdigen Fürstin, sie gingen nicht blos für ihren „König" Maria Theresia in den Tod, denn als Königin von Ungarn war Maria Theresia ja allgemein anerkannt und nicht angefochten. Warum sagten also die damaligen Ungarn nicht: „Der Kampf um die alten Erblande geht uns nichts an, ihr Krieg ist nicht unser Krieg, wir haben nicht mit ihnen, sondern nur mit der Dynastie einen Vertrag geschlossen, und zwar lediglich in Betreff der Erbfolge und nicht bezüglich einer andern engern Verbindung."

Die Ungarn sagten dies damals nicht, weil sie ihre eigenen Interessen richtig würdigten, weil sie erkannten, daß der ursprüngliche Zweck ihrer Unterwerfung unter das Haus Habsburg und der Erneuerung und Ausdehnung dieses Verhältnisses durch die pragmatische Sanktion vereitelt wäre, wenn das Regentenhaus auf Ungarn allein beschränkt würde. Indem die damaligen Ungarn die alten Erblande wie ihr eigenes Gebiet vertheidigten, indem sie sich durch die pragmatische Sanktion für verpflichtet hielten, weit außerhalb ihrer Grenzen den Kampf Oesterreichs mitzukämpfen, haben sie in einer welthistorisch folgenreichen Weise neben der Personalunion die wichtigste Realunion anerkannt und mit ihrem Blute besiegelt.

Und als Napoleon I. in Schönbrunn residirte, und die Ungarn zum Abfall von Oesterreich aufrief, als er sie mit verführerisch schmeichelnden Worten belehren wollte, daß jetzt die Zeit für sie gekommen sei, die Fremdherrschaft abzuschütteln und ein eigenes Nationalreich zu gründen, warum wiesen die Ungarn damals diese napoleonischen Lockungen mit edler Entrüstung von sich, warum fuhren sie fort, die Schlachten mit zu schlagen, welche zur Wiederherstellung Oesterreichs führten? Sie thaten es gewiß nicht aus bloßer Anhänglichkeit an die Person ihres Königs Franz, sondern in der praktischen Erwägung, daß ihre Selbständigkeit in der Verbindung mit Oesterreich sicherer sei als unter dem napoleonischen Protektorate, sie thaten es, weil sie die Gefährlichkeit des Experimentes erkannten, als in der Minorität befindlicher Volksstamm ein isolirtes Nationalreich gründen zu wollen, weil sie endlich sich ebenfalls durch die pragmatische Sanktion für verpflichtet hielten, nicht nur der Person des Monarchen, **sondern auch den Völkern Oesterreichs treu zu bleiben.**

So pflichtgetreu handelten die Ungarn damals — und doch herrschte unter Maria Theresia und Franz dießseits der Leitha der Absolutismus!

Jetzt aber rufen die Ungarn dem in die konstitutionelle Aera eintretenden Oesterreich zu: „**Wir wollen weder am Reichsrathe noch an irgend einer Reichsvertretung theilnehmen.**"

Jahrhunderte hindurch haben sie Leid und Freud mit uns getheilt, vielfältigen Druck und schwere Lasten des Absolitismus haben sie mit uns ertragen, auf hundert Schlachtfeldern haben sie an unserer Seite für unsere gemeinschaftlichen Interessen gekämpft, und jetzt wollen sie nicht mit der österreichischen Volksvertretung tagen, jetzt, wo es gilt, für die historisch gewordene Vereinigung, deren Machtresultat bisher das Werkzeug des Absolutismus war, auf frei gesetzlichem Wege die Regel festzustellen, nach welcher Oesterreich in Zukunft im wahren und edlen Sinne ein Völkerreich sein soll, eben so frei und unabhängig in allen seinen Gliedern, wie selbstbewußt und sich selbst bestimmend mächtig in der Gesammtheit.

Wahrlich wenn dieser Entschluß Ungarns unwiderruflich bliebe, dann würde die Geschichte über uns das Verdammungsurtheil sprechen, daß wir in den schweren Tagen der Versuchung nichts gelernt haben, daß wir zwar die passive Resignation hatten, im Leiden einig zu sein, daß wir aber nicht die aktive Selbstbeherrschung besitzen, in der Freiheit für dieselbe einig zu wirken!

Ich unterlasse es, nach der in jüngster Zeit gangbar gewordenen Weise mein Werkchen am Schlusse durch Beigabe eines detaillirten Unionsplanes staatsmännisch schmücken zu wollen. Meines Erachtens ist es eine eitle, ja anmaßliche Arbeit, wenn ein Privatschriftsteller, nicht etwa nach allgemeinen Theorien, sondern für einen speziellen praktischen Fall Projekte aufstellen will, nach welchen Nationen ihre Angelegenheiten ordnen sollen.

Ich habe nur den Versuch gewagt, mit meinen schwachen Worten die Ueberzeugung zu beleben, daß eine freie friedliche Einigung zwischen Oesterreich und Ungarn auf realen Grundlagen im Lebensinteresse beider Theile dringend nothwendig ist. Herrscht nur erst die Uebereinstimmung in dieser Ueberzeugung, dann wird im Rathe der Völkervertreter die entsprechende Form, wenn nicht leicht, so doch sicher gefunden werden.

Aber es ist die äußerste Gefahr im Verzuge! Schon athmen die Feinde der Völkerfreiheit wieder frisch auf und freuen sich auf ihren nahe bevorstehenden Triumph. Schon hören wir sie hohnlächelnd sagen: „Seht diese Völker, die von politischer Reife faseln, so lange sie im Joch sind, aber kindische Unfähigkeit beweisen, sobald man sie frei läßt. In die willenlose Unterwürfigkeit haben sie sich jahrelang einig gefügt, aber schon in den Flitterwochen der Freiheit bricht der chaotische Zank aus. Man muß sie wieder in die Zügel nehmen, denn sie verstehen es nicht, frei nach demselben Ziele zu gehen."

Darum rufe ich am Schluß, wie ich am Eingang aus tief besorgtem Herzen gerufen:

Nicht nur das Vaterland, auch die Freiheit ist in Gefahr!

Betrachtungen.

I.
Vom modernen philosophischen Standpuncte.

Jedes Zeitalter hat seinen Geist, welcher dessen Generationen in Bewegung setzt und mit unwiderstehlicher Gewalt einer gewissen Richtung, einem gewissen moralischen Ziele zueilen macht. Je humaner diese Richtung, je rationeller dieses Ziel, um so edler die Generationen, um so höher deren Standpunct in der Weltgeschichte, denn „die Weltgeschichte ist das Weltgericht"*), welches mit unbeirrbarer Wage den Werth der Zeiten und der Menschen mißt und constatirt.

Unser Zeitalter — man weiß es, denn Fürsten wie Völker haben es auf ihre Fahne geschrieben, Gelehrte predigen es in ihren Werken, die Publicistik verbreitet es bis in die untersten Volksschichten und die entlegensten Erdgegenden, ja selbst die Kirchenkanzeln verkündigen es — unser Zeitalter huldiget der Civilisation, d. h. der allgemeinen Gesittung, durch rationelle Entwicklung und Bildung des Volkes überhaupt, im Gegensatze jener gewisser Classen — des Mittelalters.

---

*) „Resignation" von Schiller.

Allgemeine Civilisation ist also die Devise unseres Jahrhunderts und insbesondere auch die ausgesprochene Hauptaufgabe der österreichischen Regierung; und sie ist — nach der heutigen allgemeinen Auffassung — die alleredelste Richtung des menschlichen Geistes, und jeder Feind derselben erscheint zugleich als Feind der Zeit, der Menschheit, der Vernunft; und wer es wagt, sich ihr in den Weg zu stellen, der wird gewiß — er mag noch so mächtig sein — von ihrer gewaltigen Strömung niedergerissen und — wie ein Strohhalm in ihren Wellen verschwinden! Denn „jede Macht, welche dem Geiste der Zeit widerstrebt, ruht auf hohlem Grunde" *).

Zur allgemeinen Civilisation führt bekannter- und anerkanntermaßen nur ein einziger Weg, dieselbe ist nur durch ein Mittel zu erreichen: der Weg ist — die Bildung, das Mittel dazu — der Unterricht, und zwar der lebendige, nämlich der vereinigte theoretische und praktische Unterricht. Ohne diesen Unterricht ist keine Bildung, keine geistige Entwicklung, also keine Civilisation denkbar.

Also jeder Mensch, jedes Volk, jede Regierung, welche die Civilisation wahrhaftig will und wirklich anstrebt, muß das entsprechende Mittel des Unterrichts wählen, befördern, entwickeln. Wer diesem Mittel Feind ist, kann dem Zweck unmöglich Freund sein — er mag es immerhin schwören oder betheuern! —

Der Unterricht, wenn seine Zauberkraft wirken soll, muß — so Völkern wie Einzelnen — in ihrer eigenen, verständlichen Sprache, nämlich in der Muttersprache, ertheilt

---

*) Allg. Weltgesch. v Rotteck. 3. B. § 3.

werden*). Dieß gibt schon der Verstand an, lehrt übrigens auch die tausendfältige Erfahrung. Kein Volk der Erde und kein Individuum ist je gebildet worden in einer Sprache, die ihm nicht verständlich war. Und wenn bei Einzelnen häufig die weitere höhere Ausbildung in einer fremden Sprache geschieht, so ist hiebei zu bemerken, daß der ursprüngliche, sogenannte Elementar-Unterricht auch in solchen Fällen immer in der eigenen Sprache bewerkstelliget werden mußte, daß überdieß zu einer Bildung oder Fortbildung in einer fremden Sprache es eines Aufwandes und einer Sorgfalt bedarf, wie solche bei ganzen Völkern ewig unthunlich bleiben. Wenn aber wenige Einzelne schon vom Anbeginn, mit gänzlicher Beseitigung ihrer Mutter- oder Stammessprache, in einer fremden aufgezogen und gebildet werden, so sind das Ausnahmen, welche nur um so mehr die Regel bestätigen; denn es ist eine solche exceptionelle Bildung äußerst schwierig und sie kann nur durch eine unnatürliche Isolirung, d. h. Absonderung vom eigenen National-Elemente und Umgebung mit jenem fremden, zu Stande gebracht werden; eine Methode, die wohl bei Einzelnen, nie und nimmer aber bei ganzen Völkern ausführbar sein wird, weil die tendentiöse Kunst, ganze Völkerschaften zu isoliren, ihre eigene National-Sprache vergessen und eine andere, fremde erlernen zu machen, noch nicht erfunden worden ist und wohl auch nie erfunden werden wird; weil eine solche Kunst ein utopischer Angriff gegen die Natur, gegen die Weisheit der Schöpfung involvirt.

---

*) „Minden nemzet kebelében csak önnön nyelvén terjědhet a Cultura" (die Bildung läßt sich bei jedem Volke nur in der eigenen Sprache desselben verbreiten) hat schon der Vater der magyarischen Aufklärung, Stephan Horváth, im Vorworte zu seinen wissenschaftlichen Sammlungen bemerkt.

Also der Unterricht, die Bildung der Völker ist nur in ihrer eigenen Nationalsprache möglich, und wer die Civilisation der Völker wahrhaftig will und aufrichtig anstrebt, der muß das Mittel des National=Unterrichtes zulassen und befördern. Wer letzterem abhold ist, der ist auch der Bildung, der Aufklärung, der Civilisation, dem höchsten modernen Menschlichkeits=Interesse des Volkes und der Welt, abhold und feind! —

Um nun die Völker in ihrer eigenen Sprache unterrichten und zur Civilisation führen zu können, ist es unerläßlich, daß ihre Sprache dazu tauge, d. h. grammatisch gebildet und praktisch den Zeit=Erfordernissen entsprechend entwickelt sei. Dieß kann aber — nach dem, was uns der Verstand sagt und die Erfahrung lehrt, — bei keiner Sprache der Fall sein, wenn derselben der dazu natürlicherweise erforderliche Entwicklungsraum mit den ebenso unentbehrlichen Bildungs=Bedingungen fehlt, nämlich — ein entsprechender Wirkungskreis, welcher wenigstens das gewöhnliche Volksleben umfassen muß, mit der gehörigen Freiheit der Bewegung darin, dann einiger Unterstützung und Begünstigung von Oben.

Keine Sprache der Welt hat sich zu irgend welcher bemerkenswerthen Bildung je emporgeschwungen ohne Gelehrte, die in derselben schrieben und lehrten, ohne Behörden und Beamte, die in derselben die Gesetze handhabten, mit dem Volke verkehrten und Recht sprachen, ohne Kirchen, die in derselben beteten und predigten, endlich ohne einiges Wohlwollen der Regierung oder den Schutz der Gesetze. Die Sprache der Völker, die jene Verrichtungen oder auch nur einen bedeutenderen Theil derselben — in einer anderen, fremden Sprache ausüben, bleibt roh und ungebildet, oder wird einseitig entwickelt, und mit der Sprache — ebenso die Völker; denn die Sprache ist der Ausdruck, gewissermaßen die Photographie des Geistes des Volkes. Beispielweise Ungarn mit seinen Völkern bis vor ungefähr 30 Jahren, und die Türkei noch heutzutage: Ungarn, weil es als Bildungs-, Amts- und Kirchensprache zumeist die lateinische Sprache hatte, deren Verständniß den Völkern immerfort unzugänglich war; die Türkei aber, weil sie als solche Sprache noch immer die arabische und zum Theil die türkische, in den slavischen und macedo-romanischen Kirchen aber die griechische hat, welche von den Völkern wenig oder gar nicht verstanden werden. Die deutsche Sprache selbst verdankt ihren Hauptimpuls zur Bildung der — Reformation.

Demnach ist es ganz natürlich, daß der Charakter und Bildungsgrad der Sprache — in der Regel dem Charakter und Bildungsgrade des Volkes entspricht. Die chinesische Sprache ist so steif und starr, oder stationär, wie das chinesische Volk; — die französische Sprache so leicht und einnehmend wie der Franzose selbst; die deutsche so tief und ernst gebildet, so kosmopolitisch geartet, wie das deutsche Volk.

Es gibt auf Erden kein gebildetes Volk mit einer ungebildeten Sprache, und wo bei wenig gebildeten Völkern eine mehr entwickelte Sprache angetroffen wird, da hat gewiß ein langjähriger fremder Druck auf dem einst gebildeten Volke gelastet, wodurch letzteres in Unwissenheit gerieth und — so zu sagen — geistige Crida machte, während sein außer Cours gesetzter Sprachschatz seinen einstigen Reichthum bekundet.

Also zur Bildung und Civilisirung der Völker ist die Bildung und Entwicklung ihrer Nationalsprache unerläßlich; zur Bildung und

Entwicklung der letzteren aber ist deren uneingeschränkter Gebrauch — im Volksleben, nämlich in der Familie und Gemeinde, in der Schule und Kirche, im Verkehr mit der Obrigkeit und in der Rechtspflege — eine conditio sine qua non. Also, wer die Volksaufklärung, die allgemeine Civilisation will und ernstlich anstrebt, der muß dem Volke die Bildung seiner Sprache möglich machen, muß zu diesem Behufe der Volkssprache uneingeschränkten Spielraum — in der Familie und Gemeinde, in der Kirche und Schule und im Amte gönnen. Wer die Volkssprache aus diesen Kreisen verdrängt oder verdrängen will, oder ihr irgend welchen dieser Kreise schmälert, der schmälert dem Volke als solchen das Leben! Wer dem Volke zumuthet, in einer fremden Sprache das Gebet zu verrichten, die Predigt zu hören, in der Schule zu lernen, mit dem Richter und der Behörde zu verkehren, die Gesetze und Verordnungen entgegen zu nehmen, — der ist kein Freund des Lichtes und der allgemeinen Civilisation, oder er verkennt deren Wesen und Wege vollends; — der mag anstreben was immer, — Bildung und Aufklärung des Volkes, allgemeine Entwicklung und Veredlung des Volkslebens — wird er nie erzielen; und die Völker mögen vor solchen Leuten wohl gewarnt sein, denn sie sind — gleichviel ob mit oder ohne Absicht — die ärgsten Feinde ihrer wahren und wirklichen Menschenwürde!

Und diese Betrachtungen kennzeichnen die hochwichtige moralische Bedeutung der Sprachen und Nationalitäten in Oesterreich, und deuten zugleich den ihnen im Allgemeinen absolut unentbehrlichen Wirkungskreis an.

II.

Vom modernen politischen Standpuncte.

Das Volk bilden und civilisiren heißt eigentlich, das Volksleben entwickeln und veredeln. In dieser Entwicklung und Veredlung besteht die eigentliche Hauptaufgabe, der eigentliche Endzweck des Staates; denn darin liegt die höchste Bestimmung des Menschengeschlechtes, und darin concentrirt sich die Quintessenz aller Menschen-Anstrengungen und Menschenrechte — nach der Vernunft sowohl, wie nach der praktischen Moral. Die gebräuchlich im Munde geführte S i ch e r= h e i t ist — ernstlich erwogen — nur ein unentbehrliches Mittel zu diesem Endzwecke. Der Staat, der diese Wahrheit verkennt und anderweitigen Zwecken nachjagt, kann unmöglich Anspruch auf lange Dauer haben, weil ihm natürlicher= und billigerweise kein Anspruch auf die — einzig bewährte Lebensessenz der Staaten, die Liebe und Hingebung der Völker, diese Zauberkraft des menschlichen Associationstriebes — gebührt; weil die Völker — auch ohne viel Bildung und Einsicht schon — instinctmäßig sich mit der Zeit von jenen abwenden, die ihre Menschlichkeits=Interessen, ihre Menschenwürde nicht achten. Rom war einst gewiß größer und mächtiger als irgend einer der modernen Staaten, und doch wie schnell erfolgte dessen Auflösung, sobald es angefangen hatte, sich um das Interesse seiner Völker nicht zu kümmern, sondern dasselbe selbstischen speciellen Zwecken zu unterordnen und leichtfertig hinzuopfern!

Das Volksleben besteht — eigentlich genommen — in der gewöhnlichen, ordentlichen Bewegung, Berührung und Wirkung des Volkes als solchen, beschränkt sich also eigentlich auf die bereits im ersten Theile dieses Aufsatzes angeführten Kreise. Was über diese Kreise hinaus geht, das ist Staats- oder Regierungsleben, Ständeleben, Parteienleben, oder was immer sonst, nur nicht echtes Volksleben.

Das Volksleben ist demnach — im eigentlichsten Sinne des Wortes — die Grundlage und das Hauptlebenselement des Staates; weil kein Staat ohne dasselbe denkbar ist, so wenig, wie wenig die sonst ganz staatlich organisirte polnische Emigration einen Staat in Westeuropa bilden konnte; — das Volksleben ist jedoch zugleich der eigentliche, natürliche Entwicklungsboden und der äußere Typus der Nationalität des Volkes. Hier im Volksleben treffen also beide diese, im Begriffe von einander verschiedene, und im politischen Leben meistens auseinander gehenden Wesen, der Nationalität und des Staates — ganz enge zusammen, und zwar erstere — indem sie sich da bewegt, fortbildet und abspiegelt, — letzteres, indem es da Leben und Kraft schöpft. Wenn sie sich nun hier feindlich begegnen und belästigen, so entsteht hieraus der allerunnatürlichste Kampf von der Welt, dessen Resultat wohl manchmal scheinbar ein Sieg des einen oder des anderen Theiles sein mag, — in der Wirklichkeit und nach der Natur der Sache jedoch hat durch einen solchen Sieg die Nation äußerst selten, unter besonders günstigen Umständen, wenn nämlich zufällig nebst der physischen auch die moralische Stärke auf Seiten des Volkes war, der Staat aber nie etwas wirklich Ersprießliches gewonnen. Und es ist dieß auch ganz begreiflich; denn da der Staat sein Dasein aus dem Volke, d. h. aus den das Volk bildenden

Volksstämmen oder Nationen schöpft, so folgt wohl von selbst, daß, wenn er letzteren feindlich entgegentritt, sie entweder physisch oder gar moralisch schwächt und unterdrückt, er seine eigene Lebensquelle schwächt und zerstört, ohne dadurch dauerhaften Frieden erzielen zu können, da dieß Sache des Geistes ist, auf welchen die physische Gewalt nie wohlthätig, d. h. überzeugend wirken kann. Andererseits, das Volk, die Volksstämme, welche es bilden, sind eigentlich der Körper des organischen Wesens, das man Staat nennt; das Haupt, die Seele dieses Körpers, ist unstreitig die Staatsgewalt, nämlich die jeweilige Staatsregierung, als lebendiger, sichtbarer Repräsentant des Staates selbst, mit dem sie sich eben deßhalb so häufig identificirt. Wenn also letztere im Kampfe mit dem Volkselemente unterliegt, bleibt gewöhnlich das Volk ohne gehörige Leitung und verirrt sich eben deßwegen leicht, daher dessen Sieg gewöhnlich die Folgen der Niederlage zu ernten pflegt.

Also diese zwei Hauptfactoren im Wesen des Staates, nämlich die Staatsregierung und das Volk oder die darin begriffenen Volksstämme — dürfen sich im Volksleben, wo sie täglich zusammentreffen, nicht materiell, nämlich durch zu schweren, gegenseitigen, physischen Druck, und nicht geistig, nämlich durch zu lästigen, moralischen, hauptsächlich Nationalitätsdruck — anfeinden, bekämpfen, schwächen oder zerstören, sondern sie müssen sich in bester, klügster Harmonie gegenseitig achten und lieben, stützen und stärken; denn sie sind sich — zur gedeihlichen Existenz und Entwicklung — gegenseitig unentbehrlich. Der Staat insbesondere, der eben durch das Ansichziehen der besten und edelsten Kräfte des Volkes — mächtiger und weiser ist oder sein soll — als das Volk, darf es keinen Augenblick verkennen, daß seine

Existenz, sein Leben und wahres Glück, seine Stärke und wahre Größe — vernünftigerweise nur in der Existenz, in Leben und Glück, in der Stärke und Größe des Volkes, also der Volksstämme oder Nationen — wurzelt und dauerhaft wurzeln kann; da die Wechselwirkungen zwischen beiden die unbedingtesten, natürlich nothwendigsten sind und ewig bleiben. Die Staatsregierung muß daher, wenn sie sich ihrer Bestimmung und Aufgabe bewußt ist, und sie es mit sich selbst und mit den Völkern ehrlich meint, stets eingedenk sein, daß ihr — eben das Ansichziehen der besten und edelsten Kräfte aus dem Volke, vernünftiger- und billigerweise — nur zum Zwecke der Entwicklung und Fortbildung des Volkslebens, also der Veredlung und Beglückung der das Volk bildenden Volksstämme gestattet ist und sein kann, — zumal das Glück und das Gedeihen der übrigen Factoren des Staates hievon gleichfalls bedingt wird. Alle Gesetze und Maßnahmen der Staatsgewalt müssen also darnach eingerichtet sein, ihre ganze Politik muß dieses Ziel vorzugsweise und gewissenhaft anstreben. Je zweckmäßiger solche dazu erscheinen, um so vollkommener wird man mit Recht den Gesammtstaatsorganismus finden, und das Volk, die Nationen werden mit um so mehr Grund wahrhaftes Vertrauen zu der Staatsgewalt fassen und der Regierung mit um so aufrichtiger Liebe und Hingebung anhängen, et — vice versa!

Diese Betrachtungen kennzeichnen im Allgemeinen die hohe politische Bedeutung der Nationalitäten in Oesterreich und zugleich deren besonders wichtiges Interesse an der gesammten Gesetzgebung und Verwaltung.

III.
Vom Standpuncte des modernen Rechts-Verhältnisses.

Die verschiedenen Volksstämme in Oesterreich, insbesondere jene, welche in gewissen Theilen der Monarchie compact wohnen und durch ihre Zahl dort prävaliren, machen sich als Nationen und Nationalitäten geltend, und sie sind solche auch in der That, vorausgesetzt, daß man darunter die natürliche oder genetische Nationalität versteht, zum Unterschiede von der politischen oder historischen, welche blos eine Idee ist und eigentlich eine Paraphrase des Staates selbst bildet.

Die natürliche oder genetische Nationalität ist die eigenthümlich ausgeprägte Persönlichkeit, so zu sagen das „Ich" eines jeden Volksstammes; sie besteht eigentlich in der Gemeinschaftlichkeit der Abstammung, der Sprache, der Tracht, der Sitten und Gebräuche, der Musik, Volkspoesie und Tänze, ja selbst der Vorurtheile und Traditionen, der Neigungen und Gefühle eines Volkes. Das Volk, das solche eigenthümliche Attribute gemeinschaftlich besitzt und zumal dieses Besitzes sich bewußt ist, besitzt eben durch dasselbe eine natürliche Nationalität und ist eben dadurch eine Nation. Es ist reine Thorheit oder Vermessenheit, diese Thatsache in Abrede stellen zu wollen.

Als genetische Nationen und Nationalitäten mögen hier beispielsweise angeführt werden — die Deutschen in allen Ländern der Erde, wo sie compact wohnen; ebenso die Polen in allen drei großen Reichen; endlich die Romanen, d. h. die — wie man sie mit Rücksicht auf Geschichte und Geographie nennt — „Dakoromanen" und „Ostromanen" in Oesterreich, Rußland und in den vereinigten Donaulanden. Die politische Nationalität hingegen besteht in der diplomatischen Bezeichnung gemeinschaftlichen, politischen und historischen Lebens und Wirkens, Lebens- und Wirkungs-interesses — gewöhnlich mehrerer Volksstämme oder geneti-scher Nationen. Beispielsweise die schweizerische poli-tische Nationalität, welcher eigentlich gar keine natür-liche Nation entspricht, da keiner der drei Volksstämme — Deutsche, Franzosen, Italiener, welche mit dieser politischen Nationalität bezeichnet werden, dieselbe natürlicher, son-dern jeder blos geschichtlicher- und topographischerweise führt; weil Schweiz der specifische Name eines durch die Geschichte geschaffenen Landes, nicht aber irgend eines natürlichen Volksstammes ist. Ganz dasselbe Bewandtniß hatte es frü-her mit Ungarn, so lange nämlich dasselbe sich einer poli-tischen Autonomie erfreute. Auch Ungarn war ein geschicht-lich gebildetes Land mit verschiedenen, gesetzlich ganz gleich-berechtigten Völkerschaften, deren keiner speciell und genetisch die ungarische Nationalität gebührt, und sich auch keine in ihrer Nationalsprache nach dieser historischen Nationalität bezeichnet, sondern vielmehr jener relativ zahlreichste und durch seine imposante, obschon aus beinahe allen Nationen Europa's bestehende Aristokratie*), sowie auch durch die, eben

---

*) Die ungeheuren Freiheiten und Immunitäten, welche dem unga-rischen Adel verfassungsmäßig gebührten, übten seit jeher eine große Anziehungskraft auf die Geld-, Glücks- und Talentmänner aller Nationen. Seit dem Anfange dieses Jahrhunderts verwan-delte sich nun der ungarische Adel, durch die Zeitverhältnisse

dieser Aristokratie hauptsächlich zu verdankende Cultur — prävalirende Volksstamm der Arpadier, in seiner eigenen Nationalsprache sich und seine Nationalität magyarisch nennt (magyar ember, magyar nemzet, magyar nemzetiség); — die demnächst zahlreicheren slavischen Völker sich je nach ihrer mundartlichen Verschiedenheit — „Slovaken," „Serben," „Ruthenen" oder „Russinen" oder „Russnjaken," „Schokazen," „Bunjevatzen," „Kroaten" oder eigentlich „Hrvaten," „Slovenen," „Bulgaren" und „Winden," — die in fremden Sprachen so geheißenen „Walachen," sich in ihrer eigenen Sprache stets und überall „Romänen," — endlich die aus Deutschland herstammenden Völker sich gewöhnlich „Deutsche" nennen. — Am auffallendsten jedoch tritt dieser Nationalitätsumstand heute im großen O e s t e r r e i ch zum Vorschein, wo neben der diplomatisch von der ganzen Welt anerkannten g e s a m m t ö s t e r r e i ch i s ch e n S t a a t s n a t i o n a l i t ä t — unzählbare genetische Nationen unter- und nebeneinander leben, deren zehn, nämlich — die d e u t s ch e (mit einer runden Gesammtzahl von 9 Millionen Seelen), die c z e ch i s ch - s l o v a k i s ch e (mit 6 Mill.), die m a g y a r i s ch e (mit 5 M.), die i t a l i e n i s ch e (mit 3 M.), die r o m a n i s ch e (mit 3 M.), die r u t h e n i s ch e (mit 3 M.), die p o l n i s ch e (mit 2 M.), die k r o a t i s ch e (mit 1½ M.), die s e r b i s ch e (mit 1½ M.), endlich die s l o v e n i s ch e (mit 1 M.) — gesetzlich constatirt und vom Throne herab als g l e i ch b e r e ch t i g e t erklärt wurden.

In jedem solchen, aus verschiedenartigen, compact und dicht neben und unter einander lebenden Völkern bestehenden Lande oder Staate sollte sich eigentlich — nach Recht und Bil-

begünstigt, in magyarischen Adel, welcher sohin bis 1848 und 1849 als solcher die Geschicke des Landes zu lenken fortfuhr.

ligkeit sowohl, wie auch nach der politisch=praktischen Klug=
heit — die Gleichberechtigung derselben — in jeder Beziehung
von selbst verstehen; denn, abgesehen von den in den ersten
Theilen dieses Aufsatzes geltend gemachten, hochwichtigen
Rücksichten, so ist sie auch offenbar das einzige rationell=echte und
praktisch=zuverlässige Band der Völker unter einander im
Staatskörper; und indem heutzutage alle unterdrückten Natio=
nen und Nationalitäten — allüberall, selbst in der Türkei,
ihren Unterdrückern gegenüber die Gleichberechtigung — und
zwar mit voller Zustimmung der ganzen civilisirten Welt
in Anspruch nehmen, wird eben dadurch das moderne ge=
meinschaftliche Recht Aller hiezu — gleichsam constatirt und
sanctionirt.

Obwohl nun die ganze civilisirte Welt dieses Rechts=
Bewandtniß in thesi ohne Weiteres einsieht und zugibt, so
wird doch, wenn es sich um die praktische Ausführung dieses
erhabenen Grundsatzes handelt, derselbe fast immer, sei es
aus schlechter Auffassung und Begriffsverwirrung, sei es
aus böser Absicht und Egoismus, — arg verstümmelt und
erbärmlich angewendet, wodurch es dann kömmt, daß die
Volksstämme ewig beunruhiget, wegen ihrer National=Existenz
besorgt, gegen die Lenker ihrer Geschicke mißtrauisch, und
eben daher im Ganzen unmuthig und unzufrieden werden!
Leider, daß man sich in maßgebenden Kreisen hierüber noch
immer Täuschungen hingibt! Leider, daß die Sprachen= und
Nationalitäten=Frage in Oesterreich, trotz der vom Throne
herab verkündeten Gleichberechtigung derselben, noch immer
in derselben unerquicklichen Lage schwebt, wie vor zehn
Jahren!! —

Die Gleichberechtigung der Nationalitäten kann ver=
nünftiger= und praktischerweise nur den Sinn haben, daß

ihnen allen und jeder insbesondere, von öffentlichen Rechtswegen die gleichmäßige, freie Wirkung und Entwicklung in ihrer National=Eigenthümlichkeit, vorzugsweise durch die Sprache, und wenigstens in ihrem gewöhnlichen Volksleben eingeräumt werde, und sie hierin durch kein Gesetz, keine Verordnung oder Willkür gehindert, vielmehr nach Thunlichkeit und Erforderniß von Staatswegen unterstützt werden. Die gesetzliche oder factische Bevorzugung der einen oder anderen, d. h. ihre künstliche Einführung bis in das Volksleben anderer Stämme verstößt also direct gegen den Begriff der Gleichberechtigung, und ebenso die einseitige Tendenz der einen oder andern Nation für ihre Sprache und Nationalität — auf Unkosten, d. h. mit Schmälerung anderer, eine abgesonderte, höhere Stellung im Staate zu begründen.

Diese Betrachtungen kennzeichnen die dringende Nothwendigkeit der gesetzlichen Definition und Feststellung des Begriffes der Gleichberechtigung der Volksstämme und Nationalitäten in Oesterreich und der praktischen Durchführung derselben. So lange dieß nicht geschieht, ist und bleibt die Gleichberechtigung der Nationalitäten — eine leere Phrase, das Nationalleben der Völker aber precär, ohne Typus, ohne gehörigen gesetzlichen Raum zu irgend welcher Entwicklung und Kraftäußerung! —

IV.

Vom Standpuncte der maßgebenden modernen Staats=Rücksichten.

Die bisher seit zehn Jahren mit beharrlicher Consequenz, selbst bis in die untersten Schichten der verschiedensten Völker der Monarchie, durch gesetzliche Auctorität versuchte Germanisirung — nicht der Völker, denn die muß — bei dem jetzigen Geiste der Zeit und bei den obwaltenden Verhältnissen, selbst derben politischen Drioten — ganz unerreichbar erscheinen, sondern des öffentlichen Lebens, ist eine schreiende Desavouirung des nationalen Gleichberechtigungs=Principes; aber auch die italienischen und magyarischen Separations=Tendenzen bedrohen dasselbe wesentlich.

Es ist gewiß, daß jeder wirklich aufgeklärte, rechtlich gesinnte, von der finsteren Vergangenheit und dem Scheine der aus derselben noch immer zahlreich emporsteigenden Irrlichter — nicht geblendete, Phantomen nicht nachjagende Patriot, seine Nationalwünsche und Ansprüche gerne freiwillig — bis auf das unentbehrliche mindeste Maß, auf die kleinste natürliche Gebühr — zu ermäßigen und den — als unerläßliche Bedingungen der äußeren Macht und des öffentlichen Ansehens erkannten Gesammtstaats-Rücksichten unterzuordnen bereit ist. Als solche Bedingungen aber erscheinen uns — genau erwogen — nur zwei: a) **der Monarchismus**, natürlich im Interesse der herrschenden Dynastie und der dieselbe anbetenden Völker; b) **die Einheit** des Gesammtreiches, im Interesse des öffentlichen Ansehens und der europäischen Machtstellung der Monarchie. Alle anderen Rücksichten und Absichten sind — mehr oder weniger — unwesentlicher und unechter, daher secundärer Natur, und müssen eben deßhalb vernünftiger und billiger Weise den natürlichen National-Interessen der Völker hintangesetzt werden.

Die monarchische Regierungsform ist in Oesterreich — wohl das einzige, von keiner Partei in keiner Weise angefochtene, sondern von Allen und Jedem als heilig und unantastbar geachtete, weil mit dem Interesse der Dynastie vollkommen identificirte — Princip, welches daher eben deßwegen nicht nur über alle Erörterung erhaben, sondern auch von jeder Influencirung Seitens der Nationalitäten frei sein muß; schon auch deßhalb, damit die monarchische Gewalt und Auctorität allen anerkannten Volksstämmen und Nationalitäten gegenüber einen gleich unabhängigen, gleich erhabenen und gerechten Standpunct zu bewahren vermöge. —

Auch die politische Realeinheit des Reiches wird kaum direct von irgend welcher Seite bekämpft, um so heftiger jedoch indirect daran geschüttelt, namentlich durch den italienischen Conföderationsplan des Kaisers der Franzosen und durch die sogenannte ungarische, eigentlich aber — magyarische Bewegung.

Die nähere Erörterung der heikeligen italienischen Frage, zu deren Lösung — wie sie nun einmal angethan ist — publicistische Discussionen schwerlich beitragen dürften, — bei Seite lassend, und die sogenannte ungarische Separations-Tendenz, — wodurch zwar allerdings die Gesammt-Monarchie in ihren Gesammtinteressen, also auch in jenen aller übrigen Völker alterirt, — am nächsten und directesten jedoch immerhin die nicht magyarischen Nationen Ungarn's berührt werden, — aus eben dieser Rücksicht einem abgesonderten Anhangscapitel vorbehaltend, — muß hier vorläufig über diese beiden Tendenzen bloß im Allgemeinen so viel constatirt werden, daß — indem dieselben offenbare Centrifugal-Richtungen verfolgen, sie ebenso offenbar der vom Staate angestrebten Real-Union aller Bestandtheile und Nationen des Reiches entgegenlaufen, — und indem sie gegenüber den übrigen Bestandtheilen des Reiches, einseitige Separirungen und Sonderstellungen beabsichtigen, sie eben dadurch die gemeinschaftliche Sprachen- und Nationalitäten-Frage vielfach verwirren, deren Lösung aber bedeutend verzögern und erschweren; schon auch deßwegen, weil sie — anstatt alle ihre in jeder Beziehung sehr bedeutenden Kräfte mit jenen der übrigen Nationen brüderlich zu vereinigen und auf diese Weise das gemeinsame, gleiche Nationalwohl, Glück und Recht Aller durch allgemeine, gleichmäßige Gesetzes-Garantien für immer begründen und sicherstellen zu trachten, — einen Zeit und Kraft raubenden Kampf sowohl gegen die Staatsgewalt, als gegen die der strengen Gleichberechtigung huldigenden Völker einleiten und fortführen.

Das monarchische System und die Realeinheit des Reiches dürfen also, als allgemein anerkannte, höchst maßgebende Staatsprincipien in Oesterreich, schon auch nach den im zweiten Capitel dieses Aufsatzes angestellten Betrachtungen, durch die Wirkung und Entwickelung der verschiedenen Nationalitäten — nicht berührt, nicht erschwert oder gar unmöglich gemacht werden. Und doch würde dieß gewiß der Fall sein, sobald alle zehn anerkannten Nationalitäten eine uneingeschränkte und gleichmäßig exclusive Ausdehnung bis in's Centrum der Gesammtmonarchie zu erhalten und einzunehmen trachteten, wozu ihnen das natürliche Recht wohl so wenig, als den Franzosen in Frankreich, den Deutschen in Deutschland und den Griechen in Griechenland abgesprochen werden könnte, dessen Ausübung jedoch in Oesterreich den Staat, die Monarchie zu einem babylonischen Thurm machen und alsbald förmlich auflösen würde! Daher die dringendst gebotene politische Nothwendigkeit ihrer gleichmäßigen, entsprechenden Einschränkung. — Hier das rationeller Weise erforderliche Maß dazu: —

Die Person des Staatsoberhauptes, nämlich des Kaisers, worin sich das ganze echte und wahre, monarchische und dynastische Interesse factisch concentrirt, gilt Allen und Jedem als heilig; — also ebenso inviolabil müssen zugleich auch alle dessen persönlichen Rechte, unter diesen in erster Linie das Recht der Nationalität und Sprache — sein.

Also der Monarch bedient sich mit Recht und Fug in allen seinen äußeren Erscheinungen und gewöhnlichen directen Beziehungen — uneingeschränkt — seiner eigenen deutschen Nationalität und Sprache. Er conferirt mit den Ministern und höchsten Staatskörperschaften in deutscher Sprache; erläßt an dieselben Aufträge und Verordnungen, macht ihnen überhaupt seinen Herrscherwillen in der deutschen Sprache kund.

Die Minister und die sogenannten Centralstellen überhaupt sind die eigentlichen, unmittelbaren Organe des Regenten; sie halten unmittelbar die Zügel der verschiedenen Bestandtheile des Reiches in Händen und lenken dieselben nach der Absicht und dem Willen des Regenten, vermittelst der Gesetze und gesetzlichen Verordnungen; durch sie concentrirt sich also die Real-Union aller Theile im Monarchen; denn sie stehen in directem, unmittelbarem Rapport zu ihm; — ihre Sprache muß daher folgerichtig, sowohl nach oben, als nach unten — jene des Regenten, nämlich die deutsche sein.

(Hier muß jedoch bemerkt werden, daß wir um keinen Preis auch das oberste Justiz=Tribunal, sei es als letzte Ge= richts=Instanz, sei es als Cassationshof, zu den Centralstellen der Monarchie, insbesondere als unmittelbares Organ des Regenten zu zählen geneigt wären, indem wir uns, — nach unserem präcisen Begriff von dieser Stelle, nie entschließen könnten, dieselbe mit dem Ministerium der Justiz (und der Gnaden) zu identificiren, und wir derselben, als endgiltig entscheidende Instanz, nie eine Gesetzgebungs= oder Ge= setzauslegungs=, sondern rein nur eine Gesetzanwendungs= Befugniß einräumen würden, diese jedoch vollkommen un= abhängig, ohne Rücksicht nach oben oder unten! — Alle Gerichtsbehörden sprechen im Namen des Kaisers, oder Kraft der ihnen von ihm verliehenen Amtsgewalt — das Recht, aber alle gleichmäßig, ohne irgend welche Beeinflußung, rein nur nach dem Gewissen und Gesetze. Ihre einzige und wirksame Controle kann nur in der — Oeffentlichkeit gefunden werden; alle andere ist — gelinde gesagt — Illu= sion. Also die Gerichte aller Instanzen, die alle nicht regieren und nicht verwalten, sondern dort, wo sie darum angegangen werden, das Recht sprechen, d. h. dasselbe nach Gesetz und Gewissen zur Geltung bringen sollen, sie müssen alle höchst volksthümlich und rationell sein; denn sie sind auch in der That, sobald bei ihnen die Oeffentlichkeit waltet, wahre Volksbildungs= und Aufklärungsanstalten.)

Die Provinzial=Centralstellen, insbesondere die Statt= haltereien sind, wie schon ihre Benennung angibt, Vertreter der Reichs=Centralgewalt in den Kronländern und stehen im gewöhnlichen directen Rapport zu den Reichs=Centralstellen, nicht aber auch mit dem Volke, müssen also in ihren Beziehungen zu der Central-Regierung sich der Sprache der letzteren, nämlich der deutschen bedienen, welche wohl auch ihre innere Amtssprache, also auch ihre Verkehrs- und Verständigungssprache untereinander, wenn sie nationalheterogen sind — und ebenso auch die Verkehrssprache selbst der untersten Administrationsorgane untereinander, wenn sie nationalheterogen sind — sein müßte. Ihre Sprache nach unten jedoch, insbesondere soferne sie Kundmachungen, Verordnungen und Aufträge für das Volk unmittelbar betrifft, muß — wie überhaupt die Sprache aller Gesetze und Erlässe, ja selbst der Manifeste und Proclamationen des Regenten, die für das Volk kundgemacht werden — da sie das Volksleben unmittelbar berühren, die Volkssprache sein.

In der Armee versteht sich das amtliche Walten der deutschen Sprache von selbst und erklärt sich nicht minder aus der diesbezüglichen strengen Nothwendigkeit und Zweckmäßigkeit, als auch aus den oben aufgestellten Grundsätzen; denn die Armee repräsentirt in ihrem ganzen Wesen die Einheit des Reiches und steht immer in unmittelbarster Beziehung zum Monarchen. Jedoch dürfte andererseits in den Militär-Bildungsanstalten, im Dienst-Reglement und in der Handhabung der Disciplin ein rationell erweiterter Gebrauch der respectiven Nationalsprachen sehr zweckmäßig und zeitgemäß erscheinen und von höchst wohlthätiger Wirkung sein!

Also die Sprache des Monarchen und seiner unmittelbaren Regierung sollte auf diese Weise eigentlich das Element der Verbindung des Gesammtreichs-Centrums mit den einzelnen Hauptbestandtheilen, nämlich den verschiedenen Ländern und Völkern der Monarchie und der letztern unter einander sein*); die deutsche Sprache würde folglich dadurch von ihrer jetzigen Allgemeinheit nichts einbüßen; denn nach wie vor müßte jeder höher Anstrebende sie als eine Hauptbedingung des Fortkommens erkennen und erlernen. Dagegen würde sie durch die Abnahme ihres Druckes auf das gewöhnliche öffentliche Leben der nichtdeutschen Völker, an Sympathien, die sie bei diesem ihren immerhin enormen Privilegium in möglichst großem Maße besitzen sollte, deren sie sich jedoch gegenwärtig wohl kaum rühmen kann, bedeutend gewinnen. Und schon die Aussicht auf einen so wichtigen Gewinn allein sollte ein Motiv, stark genug sein, sie vom weiteren, willkürlichen, weil durch die beiden erwogenen Staatsrücksichten nicht mehr zu rechtfertigenden Eindringen und hemmenden Einwirken auf das Volks- und Nationalitätsleben, für immer abzuhalten; zumal ihr bisheriges uneingeschränktes Walten, wie die Erfahrung lehrt, wohl allerlei Befürchtungen, Mißtrauen und Unmuth, aber nichts weniger als allgemeine Bildung, Aufklärung und Civilisation zu erzeugen geeignet war! — —

---

*) Wozu sie auch schon vermöge ihrer höheren Cultur und vermöge der relativen Majorität und der verhältnißmäßig größten ethnographischen Ausbreitung des deutschen Volkes in Oesterreich — geeignet erscheint; zumal der zahlreiche slavische Volksstamm (mit 15 Millionen Seelen) in verschiedene, abgesondert ausgeprägte Nationalitäten (von 1—6 Millionen Seelen), mit verschiedentlich ausgebildeten Sprachen — zerfällt.

V.

Vom Standpuncte der praktischen Anwendbarkeit der modernen Postulate der Nationalitäten.

Der Hauptausdruck der Nationalität ist unstreitig die Sprache, und gerade auf dieser hatte bisher die gesetzliche Beschränkung am meisten und schwersten gelastet. Nationaltracht, Musik, Gebräuche und Farben ꝛc. wurden — wenigstens dem Volke direct — nicht verkümmert. Wenn es sich also um die Skizzirung des den verschiedenen, im Principe gleichberechtigten Nationen gesetzlich und praktisch einzuräumenden Wirkungs- und Entwickelungsraumes handelt, so ist wohl eigentlich und hauptsächlich von der gesetzlichen Normirung und Ausführung des Sprachbefugnisses derselben die Rede, und kann die Nationaltracht, Musik ꝛc. nur nebensächlich behandelt werden; zumal heutzutage die gebildeten Volksclassen aller Nationen der Erde aus conventionellen und — wohl auch Opportunitäts-Rücksichten sich gewöhnlich einer gewissen, gleichen, so zu sagen neutralen Tracht bedienen, die speciell nationale aber blos für solenne Erscheinungen und Auftritte zu reserviren, zumal ferner die Nationalmusik, Poesie und Tänze ꝛc. sich gewöhnlich unabhängig von allen Regierungskünsten zu entwickeln pflegen. —

Es ist schon bisher wiederholt angedeutet worden, wie weit sich das uneingeschränkte Sprachbefugniß eines jeden Volkes — nach dem Postulate des Zeitgeistes, der strengen Billigkeit und der Vernunft — zum mindesten zu erstrecken hätte, nämlich soweit das unmittelbare Leben und Walten, d. h. Bewegung, Berührung und Wirkung des Volkes, d. i. der Masse der Bevölkerung, gewöhnlich und regelmäßig reicht, also auf das Haus oder die Familie, die einzige Ruhestätte des Volkes — auf die Gemeinde, zu welcher die Familie gehört — auf die Kirche und Schule, woher sich die Familie durch ihre Glieder Trost und Hoffnung, Bildung und Aufklärung holt — auf die Behörden, welche die Familie administrativ leiten, von ihr Steuern, Arbeits= und andere Leistungen, und ihr bestes, theuerstes Herzblut, ihre Söhne als Vaterlands= und Thronvertheidiger entgegen nehmen, ihr dafür Schutz des Lebens, des Rechtes und der Ehre bietend.

Diese Kreise müssen also alle, weil sie streng genommen zum Volke gehören, unbedingt national sein, d. h. ihre Sprache mit dem Volke darf nur die des Volkes sein, und ebenso sollte wenigstens auch ihre äußere feierliche Erscheinung, wo nur thunlich, national, d. h. in der Tracht des Volkes oder der Mehrheit des Volkes stattfinden.

Es ist wahrlich unnatürlich und ungeräumt, zu prätendiren, daß das Volk in seinem gewöhnlichen unmittelbaren Verkehre mit seinen Seelsorgern und Lehrern, seinen Cultus= und Unterrichts=Behörden und was immer für Vorgesetzten in der Sprache der letzteren, selbst wenn dieselbe ihm ganz fremd ist, wie dieß in den allermeisten nicht deutschen Theilen der Monarchie vorkommt — also durch Dolmetsche sich verständige. Nie hat solch' verkehrtes Walten wahres und echtes Verständniß und Vertrauen erzielt!

Das Volk muß somit niederere und höhere Bildungs= anstalten in gehöriger Zahl und eigener Sprache haben; der Staat muß dafür — Kraft und gemäß seiner ausschließ= lichen Autonomie — sorgen, damit dadurch der eigene Unter=

richt, die eigene Bildung des Volkes sowohl, als auch aller jener, die Aemter und Würden bei demselben anstreben, wirklich ermöglicht werde; denn die Schule und die Lehrer, und die Aemter und Behörden sind doch eigentlich für das Volk da; sie müssen also, wenn sie ihrer Bestimmung entsprechen sollen, volksthümlich sein. —

Das Volk muß alle Erledigungen seiner Anliegen, alle Aufträge seiner Vorgesetzten immer in der eigenen Nationalsprache zugestellt erhalten; denn wenn man von demselben Achtung, Gehorsam, Folgeleistung anspricht, so sollte man vernünftiger und billiger Weise demselben doch auch durch Verständniß, d. h. Begreiflichmachung der behördlichen Entscheidungen und Beschlüsse gehörigen Respect einzuflößen trachten, weil das Volk am Ende doch auch aus Menschen, also denkenden, erkennenden und — naturgemäß — nach Ueberzeugung strebenden Wesen, besteht!

Das Volk muß auch das Beschwerderecht an die höheren Behörden in eigener Sprache ausüben können und ebenso das Petitionsrecht, sei es an die Majestät oder an dessen Centralstellen; weil dasselbe eben durch die Ausübung dieses, selbst durch die absolutesten Regierungen zugelassenen Rechtes, in gewöhnliche, unmittelbare Beziehung zu denselben tritt, daher demselben natürlich auch die dießfälligen Erledigungen in eben der Sprache gebühren. —

Das Volk muß, um den Willen und die Absicht der Behörden und der Regierung begreifen und würdigen zu können, deren Verordnungen, Verfügungen und Maßnahmen, so wie die es betreffenden Gesetze überhaupt in eigener Nationalsprache kundgemacht erhalten, und zwar dort, wo das Volk durch seine unmittelbaren, selbstgewählten Vertreter in die Verwaltung oder Gesetzgebung einfließt, also durch die Ausübung einer

Autonomie oder eines Souveränitäts-Rechtes eine Selbstständigkeits-Eigenschaft besitzt, consequenter Weise in eigener Sprache als Urtext, sonst aber in authentischer Uebersetzung, für welche die souveräne Staatsgewalt, vermöge und gemäß dieser ihrer exclusiven Eigenschaft, gewissenhaft Sorge zu tragen hat. Also die Staatsgewalt, wenn sie ihrer providenciellen Aufgabe sich richtig bewußt ist, und zumal, wenn sie ihre exclusive Souveränität (Autokratie) im Staate den Völkern gegenüber nicht nur factisch durch Gesetze und Macht-Garantien wahren, sondern dieselbe auch rationell legitimiren will, muß gewissenhafte Sorge dafür tragen, daß den natürlich und politisch berechtigten Sprach- und Nationalitäts-Interessen der Völker im Amte und bei den Behörden, sowie im öffentlichen Volksleben überhaupt, gleichmäßige, strenge Rechnung getragen werde; daß also alle Behörden und Aemter, die mit dem Volke in gewöhnliche ordentliche Berührung kommen, national, folglich der Sprache des Volkes vollkommen mächtig seien und in derselben amtiren; dort aber, wo dieß wegen der nationalen Mannigfaltigkeit des Volkes unthunlich erscheint, sie wenigstens im Besitze und Gebrauche jener, im öffentlichen Leben und Verkehre, durch ihre Majorität und besonderen moralischen Werth prävalirenden zwei oder drei Sprachen seien. So z. B. in Prag der czechischen und deutschen, in Pest der deutschen, magyarischen und slovakischen, in Lemberg der polnischen und ruthenischen, in Temesvar der deutschen, romanischen und serbischen, in Großwardein der romanischen und magyarischen, in Hermannstadt der deutschen und romanischen ꝛc., und eben so in den Bezirken und Kreisen oder Comitaten. Dieß ist gewiß nicht unthunlich, denn dort, wo solche Volksmischungen vorkommen, haben die gebildeten Volksmänner gewöhnlich die Kenntniß aller der bedeutenderen und frequenteren Sprachen vollkommen inne; unpraktisch und unausführbar werden es sicherlich auch nur jene finden, die sich aus dem jetzt zu Recht bestehenden, eben so schwerfälligen und kostspieligen, als complicirten und unnatürlichen und eben deßhalb allgemein als untauglich befundenen bureaukratischen Administrations=Organismus — weil mit demselben verwachsen — nicht heraus zu denken vermögen. Die Zeit, die Praxis, die öffentliche Meinung, das Wort des Monarchen haben jedoch letzteren dem Tode gewidmet, und er wird und muß einem einfacheren, rationelleren, daher volksthümlichen Platz machen. Die dringendste Noth heischt eine Art Selfgovernement, und dieses muß die Realisirung jener Postulate der Nationalitäts=Interessen zur sogleichen natürlichen Folge haben. — Männer aber und Autoritäten, die dem unhold oder nicht gewachsen sind, und eben daher zur Bemäntelung ihrer Unbeholfenheit oder feindlichen Absichten sich auf die allerincompetenteste und unberechtigteste Weise von der Welt, bald auf die angebliche Unfähigkeit der Völker und der ihnen ganz unbekannten Sprache derselben zu solch' erhabenen National-Einrichtungen, bald auf die Unzweckmäßigkeit und Untauglichkeit der letztern selbst berufen — sie mögen um des Himmels Willen heutzutage, bei dem Drange der Zeit, wenigstens so viel Patriotismus fassen, es auf einen Versuch, aber redlichen und ernstlichen Versuch ankommen zu lassen.

Das Rechte und Billige, das Wahre und Gute, das ist nur schwer faßlich, wenn man's recht raffinirt macht; ist es aber einfach und ungekünstelt, liegt dessen Begriff schon in dem gesunden Menschenverstande. Und solchen sollte man doch den Völkern und Nationen heutzutage nicht mehr absprechen wollen! — —

Anhangs-Capitel.

Vom Standpuncte der modernen ungarischen Bestrebungen.

Es muß jedem politisch gebildeten Menschen einleuchten, daß — in dem Augenblicke, wo im Staatscomplexe der österreichischen Länder ein politisch selbstständiges Ungarn entstünde, d. h. ein Ungarn, wie solches vom h. Stephan, dem ersten Könige, gegründet und durch die pragmatische Sanction und durch den Krönungseid, sowie durch die bis zum Jahre 1848 von den Landtagen ausgegangenen Gesetze bedingt wird, nämlich ein Ungarn, das seine inneren Angelegenheiten alle von Wien unabhängig, in magyarischer Sprache und rein magyarischem Interesse besorgt, und durch seinen maßgebenden legislativen Einfluß auf das Budget und die Recrutirung, indirect auch auf die äußeren, nicht nur eigenen, sondern sogar jenen des Gesammtstaates — wesentlich einwirkt — zu den übrigen Theilen der Monarchie aber nur durch die Identität der Person des — übrigens für dasselbe in seinen Souveränitätsrechten ziemlich beschränkten Herrschers zählt — wie solch' ein Ungarn der Hauptsache nach gegenwärtig von den Wortführern im Lande allen Ernstes angestrebt wird — die wahre und wirkliche Reichseinheit nicht nur gründlich erschüttert, sondern geradezu entzwei gerissen sein würde.

Es ist hier die Hinweisung auf den Zustand bis zum Jahre 1848 nicht passend, weil eben jener Zustand, obschon

Umständen, bei dieser bisherigen Politik — der historische Magyarismus, Czechismus oder Aristokratismus — oder aber der factische Germanismus die Zügel führt, ist dem Volke in der That ganz gleichgiltig; und wenn es sich um die Behebung und Entfernung jenes Druckes handelt, so sollte man doch logischer Weise glauben, daß die österreichische Central-Regierung dazu geeigneter wäre, als irgend welche andere provinzielle; denn es handelt sich ja eigentlich um die **Zufriedenstellung aller**, und nicht einiger Länder oder Stämme, also natürlich a) **durch allgemeine gleichmäßige Erleichterung der Lasten Aller**, und nicht einiger Classen allein, b) **durch vollkommen praktisch durchgeführte National-Gleichberechtigung aller Stämme** und nicht nur eines oder einiger derselben. So wie also der gleichmäßige Druck Aller nur aus dem Centrum, durch Vereinigung aller Kräfte so vollkommen möglich war, so ist wohl auch die gleichmäßige Erleichterung und gleichmäßige nationale Berechtigung Aller — schon naturgemäß — aus dem Centrum, viribus unitis, am thunlichsten! Oder hegt man nach den Erfahrungen der letzten zehn Jahre etwa zu der Centralgewalt kein Vertrauen? Aber was für Vertrauen können denn die Völker — nach den bitteren Erfahrungen bis zum Jahre 1849 — zum Magyarismus oder Oligarchismus haben! Man will zur Sicherung gleicher Rechte geeignete Landes-Institutionen einführen; nun wohl, so trachtet gleich in Gemeinschaft **mit allen Völkern Oesterreichs** derartige geeignete Institutionen zur Sicherung der gleichen Rechte **aller Nationalitäten** zu Stande zu bringen, und euer Verdienst wird viel größer sein und jeder Verdacht gegen eure Absichten vermieden, da ihr hier nicht wie in Ungarn, vermöge einer relativen Ma=

damals unter ganz verschiedenen, beiweitem günstigeren politischen diplomatischen, nationalen und ökonomischen Umständen situirt, dennoch nichts so sehr, als eine permanente Zerfahrenheit, einen permanenten, wiederholt in Empörung ausgearteten Kampf zwischen den beiden Gewalten, nämlich jener des Königs von Ungarn und jener des Kaisers von Oesterreich — aufzuweisen hat.

Eben so wenig beruhigend und überzeugend ist die Berufung auf andere, nur durch die Personal-Union verbundenen europäischen Länder und Staaten; denn — wahrlich, der allseitige Unterschied zwischen jenen und Oesterreich, zwischen jener und Oesterreichs Stellung im europäischen Staaten-Concerte, zwischen jener und Oesterreichs inneren und äußeren Interessen, Tendenzen, Beziehungen und Verhältnissen — ist so wesentlich, so enorm, daß ein Vergleich Oesterreichs mit denselben müssig, eine Folgerung aus denselben geradezu unsinnig erscheint. Wie dem immer sei, eine Souveränität in Ungarn, eine Art Staat „Ungarn" im Staate „Oesterreich" dünkt uns heutzutage ein so ungereimtes Ding, wie der Glaube an das Walten zweier Gottheiten im Weltall; und nicht minder unverträglich erscheint uns eine Art halbe Souveränität, ein halber Staat im Staate, so ungefähr, wie der Begriff eines heidnischen Halbgottes, der nur von Trug und Täuschung und durch Trug und Täuschung, also nur in einer finstern Zeit sein Dasein — als solcher fristen konnte!

Halbe Souveränität heißt — logisch und praktisch genommen, so viel als „Anwartschaft auf ganze;" denn man kann und darf vernünftiger Weise dem halbgöttlichen Staate die Fortbildung und Entwickelung seiner Eigenschaften, zumal der edelsten derselben, wozu ihm das Recht oder der Trieb schon in der Anerkennung seines autonomischen Wesens gegeben ist, — nicht verhindern, daher demselben das Streben nach voller Souveränität nicht nehmen, und die Erreichung derselben, sobald ihm die Kräfte dazu ausreichen und die Zeit günstig ist, nicht verwehren. Uebrigens wäre dieß, abstract genommen, noch nicht das Schlimmste; aber bis es dahin kommen kann, muß ein fortwährender, gegenseitig belästigender, schwächender und zerstörender Proceß zwischen den zwei Gewalten und den dazu gehörigen Völkern unterhalten werden! Auch hiefür liefert die vormärzliche Geschichte Ungarns und Oesterreichs die schlagendsten Beweise.

Praktisch also genommen, wäre eine ungarische oder eigentlich magyarische politisch-nationale Autonomie heutzutage, nach — principiell geschehener Anerkennung der Gleichberechtigung aller Volksstämme, eine der fatalsten Anomalien, die es nur geben kann; sie würde zur unmittelbaren Folge haben: entweder die Aufhebung der nationalen Gleichberechtigung in Oesterreich, und da hätte man augenblicklich die bedauerliche Türkei in vergrößertem Format fertig, — oder das legitime, nämlich aus der Gleichberechtigung folgerichtig fließende — Streben aller Volksstämme und Länder nach ähnlicher Selbstständigkeit; — ehebevor aber diese allgemein erreicht werden könnte, müßte ein Zustand der furchtbarsten Aufregung und Verwirrung, ein Kampf nach verschiedenen Richtungen — eintreten; während dem geriethen die nichtmagyarischen Stämme Ungarns abermals in die mißliche Lage, nicht zu wissen, wer eigentlich herrsche? — wem gehorchen, wem das Gute verdanken, — wem andererseits die Unterdrückung zuschreiben, klagen, — zurückschieben?! Und erst mit der doppelten Regierungssprache — welch' unseliger Zweifel und Kampf, welch' ungeheuere Schwierigkeiten und Hemmnisse für die Nichtdeutschen und Nichtmagyaren?!

Niemand kann zweien Herren dienen, hat schon der Heiland gesagt, und was er gesagt, ist heilig, d. h. ewig wahr! — Das historische Recht wird hier von Seite des auftretenden Magyarismus ganz ungegründeter und unzuständiger Weise angerufen: einmal, weil das historische Recht Ungarns in dieser Beziehung durch das factische und nicht minder historische Oesterreichs — aufgewogen wird; dann, weil das wahre und wirkliche historische Recht, wie solches Jahrhunderte hindurch in Ungarn bestanden, die ungarischen Völker insgesammt, nicht aber den magyarischen Stamm für sich allein betrifft*), den ungarischen Gesammtvölkern indessen wohl mehr zum Schaden, als zum Nutzen gereicht hat; weil

---

*) Die alte ungarische Verfassung hat gar keine bevorzugte Nationalität aufzuweisen; überhaupt ist es in der Geschichte mit dem prätendirten Rechte des Magyarismus sehr schlecht bestellt. Der große Stefan Széchenyi sagt in seinem Werke: „A kellet népe" (das Volk des Orients), daß die Magyaren ihre Heimat nur im Grunde des Präscriptions-Rechtes besitzen („annyaföldünket sem birjuk más jognál, mint a praescriptionak jogánál fogva), und noch merkwürdiger ist im „Kossuth Hirlapja" vom 8. Juli 1848 folgende Entgegnung an die Slaven: Das Leben selbst ist zugleich die Rechtsquelle des Lebens. — Wenn es die Slaven beleidigt, daß ein magyarischer Stamm existirt, nun so mögen sie dessenthalben mit unserem Herrgott streiten, wir werden aus purer geschichtlicher Wahrheit dieses Land nicht verlassen." — („Az élet maga — egyszersmind az életjogának kutforrása. — Ha a szlavokat sérti az, hogy magyar faj létezik, tessék pörbe szállani iránta az istennel; mi csupa történeti igazságból nem fogjuk itt hagyni ez országot.") — Also die pure geschichtliche Wahrheit würde dem Magyarismus kaum die Zügel in die Haut geben!

ferner jenes, durch die magyarisch-aristokratische Präponderanz in den Reichstagen von 1832—36, dann 1840 und 1844 angebahnte und 1848 durchgeführte specifisch magyarisch-nationale Recht von Seite der nichtmagyarischen Majorität der Völker immer verläugnet und als Willkür und Gewaltmißbrauch angefochten worden ist; also das wohlverstandene moralische und nationale Interesse der nichtmagyarischen Völker Ungarns — die Auferlebung des im Jahre 1849 gefallenen und 1850—53 zu Grabe getragenen Ungarns, als solchen, nicht nur nicht erheischen kann, sondern geradezu widerrathen muß; nachdem jenes historische Recht für sie nichts als die Negation ihrer nationalen Gleichberechtigung und ihrer Menschenwürde ist; also — nach dem ihm von Seite des prävalirenden aristokratischen Magyarismus gegebenen Ausdruck, nichts als ihre moralische und nationale Erniedrigung enthält!

Ein exclusiv magyarisches historisches Recht existirt und gilt also nicht, und würde irgend ein solches dennoch — wie 1848 — zur Geltung gebracht werden können, so würden dagegen von Seite der dadurch in ihrer Gleichberechtigung, in ihren heiligsten Menschen- und Nationalrechten bedrohten Nichtmagyaren dieselben furchtbaren Proteste erfolgen, wie dazumal.

Jenen wenigen Einzelnen aus der magyarischen Nation aber, die — wie v. Zsivánka*) und einige vom „Pesti napló"

---

*) Dessen im „Wanderer" Nr. 158 d. J. ausgesprochene brüderliche Ansichten jeder patriotisch gesinnte Ungar mit voller Anerkennung vernehmen müßte, — bis auf den einzigen, gegen die logische und politische Consequenz verstoßenden Irrthum in Ansehung der Sprache des Gesetzestextes und das ethnographische Verhältniß in Ungarn; — in ersterer Beziehung verweisen wir

— weise und edel genug sind, auf der historischen Grundlage blos den Aufbau eines m o d e r n e n, z e i t g e m ä ß f o r t g e s c h r i t t e n e n U n g a r n s anzustreben, möchten wir als Brüder rathen, von dem uns so sehr wehe thuenden, uns durch die traurigen Erinnerungen, die es in uns unwillkürlich erweckt — ewig zum Mißtrauen und Verdacht stimmenden „Historischen" — lieber gleich ganz abzulassen, und das beabsichtigte neue Gebäude anstatt mit den vermoderten Pergamenten und Papieren lieber in Gemeinschaft mit allen Völkern und Nationen Oesterreichs, nach Erforderniß des Zeitgeistes und der Gesammt-Interessen, auf ganz neuer Grundlage, nämlich auf dem allseitig anerkannten und gepriesenen, ewig reellen und allersolideften Grundsatze der v o l l k o m m e n e n G l e i c h b e r e c h t i g u n g d e r N a t i o n a l i t ä t e n — aufzuführen trachten; zumal — wahrlich — nicht Erinnerungen an historische Grenzen und Vorrechte gewisser Classen es sind, die heute die Länder fieberhaft aufregen und die Völker Oesterreichs mit Unbehagen erfüllen, nein, wahrlich nicht, sondern der allgemeine, allzugroße physische und moralische nationale Druck, der ihnen das Leben und die zeitgemäße Entwickelung, nämlich den Fortschritt zur Civilisation, erschwert, der auf ihr Moral- und Nationalbewußtsein wie ein Alp lastet, ihre freie natur- und zeitgemäße Entfaltung ihrer Kräfte unmöglich macht — also ihnen den Sinn, die Begeisterung für das wahrhaft Gute, Große und Edle lähmt und erstickt! Ob nun unter diesen

---

auf unsere dießbezügliche Distinction unter V; in letzterer auf alle Statistiker, die sich auf amtliche Erhebungen stützen, wonach die magyarische Bevölkerung — im heutigen Ungarn kaum etwas über die Hälfte, im Ungarn von 1848 aber kaum ein Drittheil des Landes ausmacht. —

jorität und euerer enormen, beinahe über das Piedestal des Landes hinausragenden Aristokratie herrschen könnt. In der That, historische Revindications-Tendenzen müssen unter den obwaltenden Umständen unwillkürlich von starkem Verdacht und Mißtrauen — schon auch deßwegen begleitet werden, weil für dieselben hauptsächlich jene Classen und Völker schwärmen, die zur Zeit des Waltens jenes historischen Rechtes im Besitze bevorzugter Stellungen waren. Es ist ganz natürlich, daß sie dabei immer vom Interesse der Völker und der Gesammt-Monarchie oder des Thrones reden, weil sie zur Erreichung ihrer Zwecke die Unterstützung der öffentlichen Meinung benöthigen und sie zu gewinnen hoffen; aber — wir glauben, sie bauen da zu viel auf die Einfalt und die Vergeßlichkeit der Völker. Die Magyaren, wenn sie heutzutage jede Gelegenheit ergreifen, um — mit großer Ostentation — sich beim schäumenden Glase mit den an den Wunden der Jahre 1848 und 1849 noch blutenden Serben und Romanen, wie es heißt — auszusöhnen und zu verbrüdern; sie mögen sich ja nicht täuschen, zu glauben, daß ihnen diese je noch zu jenem unseligen Zustande verhelfen werden, welcher 1848 und 1849 den Bruderkampf unvermeidlich machte.

Die Völker Ungarns alle, zumal die Romanen, sie sind, wie bekannt, dem magyarischen Volke sehr geneigt, — sie lieben und achten überhaupt alle Nationalitäten ohne Ausnahme, weil sie wünschen, daß auch die ihrige von allen ohne Ausnahme geliebt und geachtet werde; mit der magyarischen aber sympathisiren sie in den meisten Theilen ganz besonders, das wohl seinen guten, natürlichen und geschichtlichen Grund hat. Die aufgeklärten Magyaren wissen dieß auch sehr gut, sie wissen auch, welch' ungeheuren aristokratischen und patriotischen Kraftzuwachs sie aus den nichtmagyarischen Völkern, namentlich von den Romanen, zu allen Zeiten erhalten haben; aber andererseits auch die Nichtmagyaren, insbesondere die Romanen, wissen und fühlen es, daß die Magyaren diese für sie so günstigen Umstände immer, insbesondere seitdem das Streben der Völker nach Civilisation durch Nationalbildung begann, nur zu eigenen, nämlich specifisch magyarischen Zwecken auszubeuten getrachtet haben und — noch immerfort trachten, — und daß gerade ihre Sympathie für das magyarische Volk, den Magyarismus für ihre eigene Nationalität besonders gefährlich macht! Wie viele fähige Männer verstärken, ja führen — noch heut zu Tage die für die magyarische Nationalität kämpfenden Kreise! Von Haus aus diesem Elemente geneigt, hat man ihnen noch magyarische Erziehung gegeben und magyarischen Sinn eingeimpft; man hat sie auf diese Weise ihrer eigenen Nation entwendet und entfremdet, und — man weiß es, daß solche entfremdete Leute, Renegaten, wie man sie schlechtweg nennt, gewöhnlich dann die ärgsten Feinde ihres Stammelements zu sein pflegen!

Die Romanen halten die Magyaren allüberall für ihre Brüder, sie haben sie dafür gehalten schon seit undenkbarer Zeit, schon seitdem im Anfange des zehnten Jahrhunderts sie in Siebenbürgen, nach dem Falle ihres Nationalfürsten Gelu, „sua propria voluntate dexteram dantes," Tuhutum zu ihrem Fürsten gewählt und die Freundschaft mit einem Eide besiegelt haben; — seitdem im Banate ihr Fürst Glad — „post multas et cruentas pugnas," — mit ihren Verfahren unter Vorbehalt ihrer Autonomie — Frieden und Freundschaft geschlossen; — seitdem in Ungarn oberhalb der Maros ihr Nationalfürst Menu-Morut seine Tochter dem

Sohne Arpads, Zolta, zur Frau gab und „sine filio mortuus, regnum suum totaliter Zoltae genero dimisit in pace" (siehe Anonym. Belae Regis Notar. Cap. XXII—XXVII); — seitdem sie ferner so viele blutige Kämpfe gemeinschaftlich und in brüderlicher Eintracht gegen die Türken, Tartaren ꝛc. ꝛc. für's gemeinschaftliche Vaterland und für die Christenheit — ausgefochten und eben dadurch ihre gemeinschaftlichen Geschicke mit Strömen gemischten Blutes besiegelt haben; aber eben deßwegen, weil sie sie für Brüder halten, fordern sie auch von ihnen die allerechteste Brüderlichkeit, die brüderliche Anerkennung und Gewährung des vollkommensten gleichen Rechtes — in jeder Beziehung, — von ihnen mehr denn von irgend wem andern; — Nationalunterdrückung zumal könnten sie heutzutage eher von wem immer, als von ihren Brüdern, den Magyaren, dulden und ertragen! Den Germanismus haben die Romanen nie gefürchtet, und werden ihn auch nie fürchten; er kann, wenn er sich zeitweilig, wie seit zehn Jahren — verirrt, ihre Cultur, ihre National-Prosperität zeitweilig hemmen; sie entnationalisiren — nie! Völker von verschiedenem Charakter lassen sich gegenseitig nicht amalgamiren, und wenn von Assimilation die Rede ist, so verschmilzt immer leichter das spröde germanische im geschmeidigen romanischen Elemente, als umgekehrt.

Also die Magyaren, wenn sie es mit den anderen Völkern Ungarns aufrichtig meinen, brauchen durchaus nicht um deren Brüderlichkeit zu buhlen, sie besitzen solche ohnehin in vollem Maße; aber — wir sagen es mit Nachdruck — **beweisen müßten sie endlich**, daß sie solche auch verdienen, und zwar zunächst dadurch, daß sie endlich einsähen, es existiren im Lande und Reiche auch noch andere, als magyarische Interessen, Verdienste, Rechte; daß sie endlich begriffen, daß — wenn sie selbst ihre Nationalität über alles, wie der edle Graf von Zay im „Wanderer" Nr. 275 v. J. sich auszudrücken beliebte, „mehr als die Menschheit, mehr als die Freiheit, mehr als sich selbst, mehr als Gott und Seligkeit" lieben — dieß nicht minder auch von andern Völkern gelte, zumal von den Romanen, die, wie der gelehrte Bonfinius (Dec. II. lib. 5) von ihnen sagt, schon zur Zeit der Völkerwan=derungen ihre Sprache mehr als sich selbst achteten „ut non tantum pro vitae, quantum pro linguae incolumitate cer-lasse videantur"; daß sie also endlich aufhörten, immer nur für sich, für das eigene, exclusive magyarische Wohl zu schwärmen, zu sprechen und zu handeln, sie repräsentiren ja eigentlich, wenn sie für Ungarn gelten wollen, überall, wo sie in maßgebenden Kreisen sitzen, des Landes, also aller Völker Interesse. Heute zumal, wo sie sich der größten Bil=dung und Aufklärung im Lande rühmen, müßten sie die Mißgriffe ihrer Verfahren gut zu machen trachten, wozu die einfache Erklärung derselben aus dem damaligen Zeitgeiste und Regierungs=Systeme wahrlich nicht genügt, nicht genügen kann; sie müßten also heute echten, brüderlichen Pa=triotismus, anstatt des bisherigen echten magyari=schen an den Tag legen, wenn sie wollen, daß das Miß=trauen ihrer Compatrioten anderer Zunge schwinde und sich in unbedingte, opferwillige Hingebung verwandle.

Sie haben in der Vergangenheit das Ruder, nach welchem sie sich jetzt wieder sehnen, lange genug — beinahe ausschließlich geführt, aber — gewiß nicht zu Gunsten der brüderlichen Völker Ungarns!

Sie haben im vorigen Jahrhundert durch 50 Jahre die österreichische Regierung wegen Abtretung des durch die österreichischen Waffen von der türkischen Herrschaft befreiten Banats bestürmt, um darin die ungarische Wirthschaft einzuführen und dadurch das — selbst unter dem türkischen Joche nicht ganz rechtlos gewesene — Volk der Romanen zu knechten, an die Scholle zu fesseln und sammt seinem Boden um Spottpreise zu verkaufen. Sie haben in ihren Landtagen durch ihre prävalirende Aristokratie die „Privilegia Valachorum" einseitig, de nobis sine nobis — aufgehoben und über diesen brüderlichen Volksstamm, der dem Vaterlande die größten Helden gegeben und stets mit Gut und Blut gedient hat*), wie über eine Heerde verfügt; sie

---

*) Es beweist dieß die Legion seiner Adelsfamilien unter dem Volke, dann die Geschichte des größten Feldherrn seiner Zeit, Joh. Hunniad und seines Sohnes, des glorreichen Königs Mathias Corvin, endlich des berühmten Kirchenfürsten Nicol. Olahus ꝛc. Niemand konnte den wahren und wirklichen Ursprung dieser großen Männer besser wissen, als sie selbst und ihre Geschichtsschreiber und nächsten Zeitgenossen. Der Corvin'sche Geschichtsschreiber Bonfinius sagt nun über Joh. Hunniad wörtlich: „Ilic enim Valacho patre, matre vero graeca natus" (Rer. Hung. Dec. III. lib. 6). Ebenso sagt Pius II. wörtlich: „Hic Joannes, natione Valachus, fuit haud altis natalibus ortus," und wieder weiter: „Joannes Hunniades, cuius nomen caeteros (viros Hungaros in re militari claros) obnubilat. non tam Hungaris, quam Valachis e quibus natus erat, gloriam auxit." Ferner sagt Kaiser Ferdinand I. in seinem für den Romanen Nicolaus Olahus, damaligen Erzbischof von Gran, am 23. November 1548 ausgefertigten Diplome — wörtlich: „Hae vero sunt omnes propemodum laudatissimarum gentium origines, inter quas Valachi gentiles tui minime postremas habent, utpote quos ab ipsa rerum Domina, urbe Roma oriundos constat, unde nunc quoque sua lingua R o m a n i vocantur; tua ista gens fortitudine praepollens fuit, multorum praestantissi-

haben in Siebenbürgen, im Jahre fluchwürdigen Andenkens 1437, den Bund der drei Nationen gegen diesen zahlreichsten Stamm des Landes, gegen dessen natürliche und geschichtliche Rechte mitgestiftet und bis zum Aeußersten aufrecht zu halten geholfen; — sie haben den unter den Romanen stets mit blindem Eifer betriebenen, das Volk spaltenden und demoralisirenden religiösen Proselytismus — nach Kräften unterstützt, anstatt demselben vermöge ihrer Autonomie und nach ihrer brüderlichen Pflicht entgegenzutreten; — sie haben in den Landtagen von 1832—36, 1840, 1844 und 1847—48 die Gewalt ihrer günstigen politischen Stellung mißbrauchend, anstatt der neutralen verfassungsmäßigen lateinischen Sprache, in allen Aemtern und Bildungs-Anstalten und in der Legislation — die eigene magyarische und zwar exclusiv eingeführt, und dieselbe allen Volksstämmen des Landes, ungeachtet sie ihnen fremd war, aufgedrungen, wodurch dem Magyarismus ein entschiedener Vorsprung in der Bildung und Civilisation, daher in der National-Entwickelung zugesichert wurde, während die nichtmagyarischen Völker des Landes, als der magyarischen Sprache unkundig und in der eigenen

morum Ducum genitrix, inter quos Joannes Hunuyades, inclyti Matthiae Regis pater" — ꝛc. Endlich sagt derselbe gelehrte Bonfinius vom Könige Mathias wörtlich: „Is, veluti saepius a parentibus acceperat, cum adolevisset, se romana gente natum affirmabat." Ja selbst der Magyar Thurocz bekennt, daß Hunniad ein Fremder war durch die Worte: „hunc hominem, ut dici praesumitur, futura regni pro tutela, rebus per ipsum gestis testantibus, fata ab alto elegerant, peregrinisque de partibus regni Hungariae deduxerant intra oras" (Chron. Hungar. P. IV. Cap. 30). — Also die romanische Abstammung dieser großen Männer kann nur der Neid und die Ignoranz in der Geschichte bezweifeln.

ohne Bildungsmittel, zurückblieben, ihre Intelligenz aber, besonders die sich dem öffentlichen Leben widmete, magyarisch werden mußte; — sie haben hierdurch sowohl, wie auch durch die beharrliche Behandlung unserer gemeinsamen Heimat als „Magyarenland" und unserer glorreichen, gemeinschaftlichen Geschichte als „Geschichte des Magyarenreiches," und durch das beharrliche Trachten, sich — noch heute, wo das strenge National-Interesse alle anderen Interessen im Staate überstimmt — mit „Ungarn" zu identificiren*), und auf diese Weise sich als alleinige Herren des Landes zu geriren, uns unser Vaterland — so zu sagen entwendet; — sie haben es auf diese Weise dahin gebracht, daß wir in unserem eigenen Ur-, Stamm- und Vaterlande zu Fremden gemacht und zu Paria degradirt wurden; — sie haben sich zu einer Zeit, wo sie alle Gewalt in Händen hatten, so weit vergessen, öffentlich den Plan unserer Entnationalisirung und Magyarisirung zu verhandeln und den Genuß

---

*) Sie wollen Fremden gegenüber um jeden Preis „Ungarn" und nicht „Magyaren" sein, natürlich, weil sie als Ungarn gleichsam 8, resp. 14 Millionen Seelen zählen, während sie als „Magyaren" nur 4, resp. 5 Millionen stark wären; — in der eigenen Sprache wieder sind sie nicht nur selbst „Magyaren," sondern alle übrigen Landbewohner, und durch dieses glückliche Changement gehören wieder alle Völker Ungarn's zu ihnen. Auf diese Weise ist — nach ihrer eigenen Sprache — das große Ungarn sammt Nebenländern ihr ausschließliches Eigenthum, „Magyarenland" (jeder Stockmagyar schwört da drauf!), und ebenso auch nach den fremden Sprachen, sobald man sie, ihrem Anspruche gemäß, mit dem geschichtlich topographischen Namen „Ungarn" bezeichnet. Auf diese Weise ist es möglich geworden, daß der edle Graf von Zay mit 15 Mill. Ungarn prunkt und der Welt imponiren will!

der bürgerlichen Rechte von der Renegation abhängig machen
zu wollen*) 2c. 2c.

Das sind also die charakteristischen Züge der ehemaligen Autonomie Magyariens, d. h. der magyarischen Selbstständigkeit, — Großmuth, — politischen Weisheit! und diese Erinnerungen sollen die nicht magyarischen Nationen über

---

*) Siehe A. Pußtay: „Die Ungarn in ihrem Staats- und Nationalwesen." I. B. 1. — Ferner siehe im „Koss. Hirlapja" vom 16. und 18. Juli 1848 einen eigenen Entwurf zur Magyarisirung der nichtmagyarischen Völker Ungarns; — dann siehe in derselben Zeitschrift vom 22. October 1848 den Leitartikel dd. Ofen, 18. October 1848, worin es wörtlich heißt: „A páriákon kivül alig van szánandóbb nép a földhátán, mint az erdélyi oláhság; járomba foghatod mint a marhát, mellytöl valóban csak annyiban külombözik hogy beszél," d. h.: „Außer den Parias existirt kaum ein bedauerlicheres Volk auf Erden, als das siebenbürgisch-walachische; man kann es ins Joch spannen, wie das Vieh, von welchem es sich in der That nur dadurch unterscheidet, daß es sprechen kann;" — endlich siehe im „Gesellschafter" (Társalkodó) Nr. 8 vom Jahre 1846 einen Aufsatz von Nagy Jósef, worin die Nichtmagyaren Ungarns geradezu „Ungeziefer" genannt werden, die sich im Ungarlande mästen, aber dessen Laute gar nicht quacken können („van egy hazának elég férge, melly meghizik ugyan rajta, de hangjait nyivákolni sem tudja"). Man sollte zwar derlei Gemüths-Excesse oder Halucinationen nicht der magyarischen Nation überhaupt zuschreiben; da sie jedoch deutlich die Tendenz des sogenannten aufgeklärten, also tonangebenden Magyarismus kennzeichnen, so müssen sie schonungslos im Angesichte der Welt gebrandmarkt werden, zumal durch derart grobe Verirrungen die heutige Generation und besonders die Jugend der Magyaren, gegenüber ihren Compatrioten anderer Zunge sich zu einem Uebermuthe versteigert hat, der einer freundlichen Verständigung höchst hinderlich ist.

die Absichten ihrer magyarischen Brüder beruhigen, sollen ihnen Vertrauen zu der neuen Politik derselben einflößen können?! —

Wahrlich, es ist schwer! — Man lese nur die Aeußerungen der Koryphäen der magyarischen Nation in der in- und ausländischen Tagespresse und in Pamphleten, und die Reden der ungarischen (wir sagen ausdrücklich „u n g a r i s c h e n") Reichsräthe; man lese und erwäge wohl das offenste magyarische Wort, die Stimme von der Theiß im „Wanderer" vom 4. Mai d. J., Nro. 104, und — man wird gestehen müssen — es ist schwer! — Und eben deßwegen glauben wir, daß auch in dieser Betrachtung die ersprießliche Lösung der Sprachen- und Nationalitäten-Frage in Oesterreich, eine Lösung, wie solche der Zeitgeist und das allgemeine Interesse Aller dringend erheischt, bei den obwaltenden Umständen — nur durch die gemeinschaftliche Mitwirkung aller Interessenten, also im Centrum des Reiches, in einem entsprechend, allenfalls nach dem Zahlen-Verhältnisse der gesetzlich constatirten zehn Nationalitäten zusammengesetzten Reichsorgane möglich ist, und daß die dauerhafte Unverletzlichkeit der gleichmäßigen nationalen Rechte Aller, in der solidarischen Einstehung aller Volksstämme ihre zuverläßlichste Garantie finden kann. Ist man aber einmal in maßgebenden Kreisen entschlossen, den Thron mit autonomen Elementen zu umgeben und zu stützen, und die Lösung und Aufrechthaltung der nationalen Interessen der Völker durch dieselben zu bewirken: so können diese Autonomien heutzutage logisch und praktisch entsprechend, nur National-Autonomien sein, d. h. nur in der autonomen Vereinigung jedes Volksstammes für sich, unter der Gesammtkrone Oesterreichs bestehen; denn — wir sagen es offen und mit allem Nachdruck, — außer dem Centrum, außer der collectiven Wirkung

Aller, können die zehn Nationen Oesterreichs nur jede für sich allein ihre National=Interessen gehörig lösen und wahren. Zum Schlusse, wir geben zu, es ist die Wahrheit, sie war in mancher Beziehung schön, sehr schön, ja maje=stätisch — jene unsere einstige gemeinschaftliche Mutter „Hungaria," aber sie war mit der Zeit unsere Stiefmutter geworden im strengsten Sinne des Wortes, und die magya=rische Nation, eigentlich ihre Aristokratie, die auch heute an der Spitze des Volkes steht, hatte sie dazu gemacht, und sie hatte sie — wohlbegreiflich — als solche am liebsten, und wünschte sie wohl auch jetzt, wie man aus ihrem Benehmen schließen muß, und überhaupt Grund zu befürchten hat, — nur als solche wieder aufzurichten; wovor jedoch uns und die Gesammtmonarchie — der Himmel bewahren möge! — —

Wien, im Juli 1860.

www.ingramcontent.com/pod-product-compliance
Lightning Source LLC
Chambersburg PA
CBHW032250080426

42735CB00008B/1073